特長と使い方

～本書を活用した大学入試対策～

- □ **志望校を決める（調べる・考える）**

  入試日程、受験科目、出題範囲、レベルなどが決まるので、やるべきことが見えやすくなります。

- □ **「合格」までのスケジュールを決める**

  基礎固め・苦手克服期 … 受験勉強スタート～入試の 6 か月前頃

  ・選択式・記述式など、さまざまな出題形式に慣れていきましょう。

  ・漢文を学ぶうえでの基礎である、書き下し文の筆記や、訓点を付すなどを求める問いは頻出なので、返り点や再読文字などの知識を確実なものにしておきましょう。

  ・基本的な漢文の句形を覚えて、短文については、確実に内容を理解できるようにしておきましょう。

  応用力養成期 … 入試の 6 か月前～ 3 か月前頃

  ・身につけた基礎を土台にして、入試レベルの問題に対応できる応用力を養成します。

  ・志望校の過去問を確認して、出題傾向、解答の形式などを把握しておきましょう。

  ・模試を積極的に活用しましょう。模試で課題などが見つかったら、**『大学入試 ステップアップ 漢文【標準】』**で復習して、確実に解けるようにしておきましょう。

  実戦力養成期 … 入試の 3 か月前頃～入試直前

  ・時間配分や解答の形式を踏まえ、できるだけ本番に近い状態で過去問に取り組みましょう。

- □ **志望校合格！！**

漢文の学習法

◎入試で出題される漢文は、中国の説話や史書から採られることが多いですが、日本漢文からの出題もあります。どのような漢文においても、必ず何らかのオチ（事件の結末やそこから引き出される教訓など）が示されているはずなので、**話の中心がどのようなところにあるかを意識しながら読み進め**ましょう。

◎本格的な読解に入る前に、まず漢文の基本文型（目的語の後置や否定詞の前置など）を理解したうえで、短文を通して、**主な句形（使役・否定・疑問・反語・限定・受身・仮定・比較・抑揚など）を覚える**ようにしましょう。

◎簡潔を尊ぶ漢文においては、文字の省略が多く、読む側が自ら言葉を補いながら読まないと意味の取りにくい箇所があります。前後の文脈によって意味が確定する文（疑問か反語かなど）もあるため、読解問題では、**絶えず前後の文脈を意識しながら読む**ようにします。

◎日頃から漢和辞典を引いて、一つ一つの漢字に対する理解を深めておきましょう。同じ漢字でも、使われ方や文脈によって、しばしば異なる読みや意味になることがあります。**多義語には特に注意し、丁寧に辞書を引いて、複数の読みや意味をしっかりおさえておく**ようにします。

～本書のしくみ～

本冊

見開き２ページで１単元完結になっています。

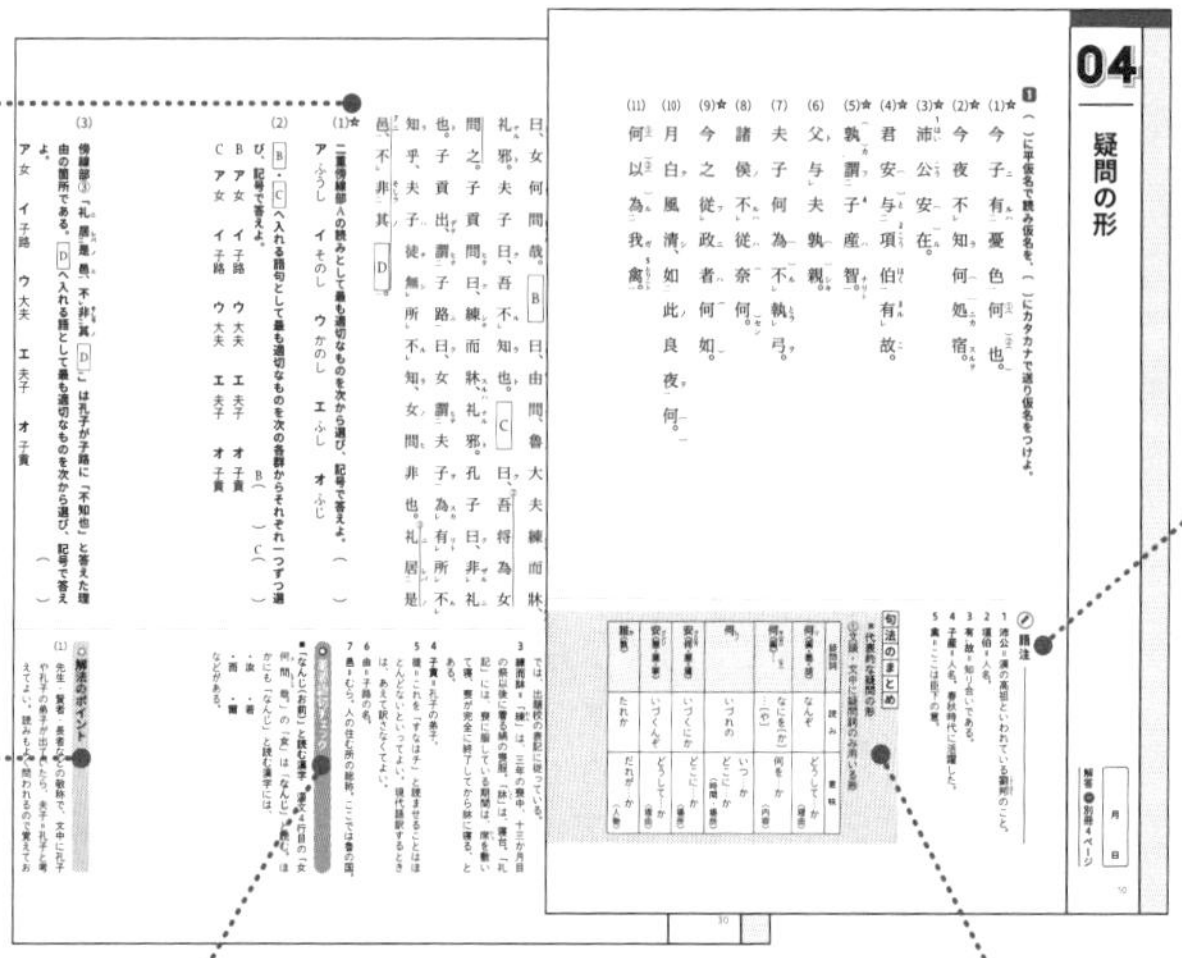

☆重要な問題
ぜひ取り組んでおきたい問題です。状況に応じて効率よく学習を進めるときの目安になります。

◎語注
文中に出てくる重要な言葉は、語注で意味を紹介しています。

○解法のポイント
問題を解くうえでのポイントを解説しています。

○重要語句チェック
読解のポイントとなる語句について詳しく解説しています。

句法のまとめ
主な句法について、読みと意味を整理して掲載しています。

解答・解説

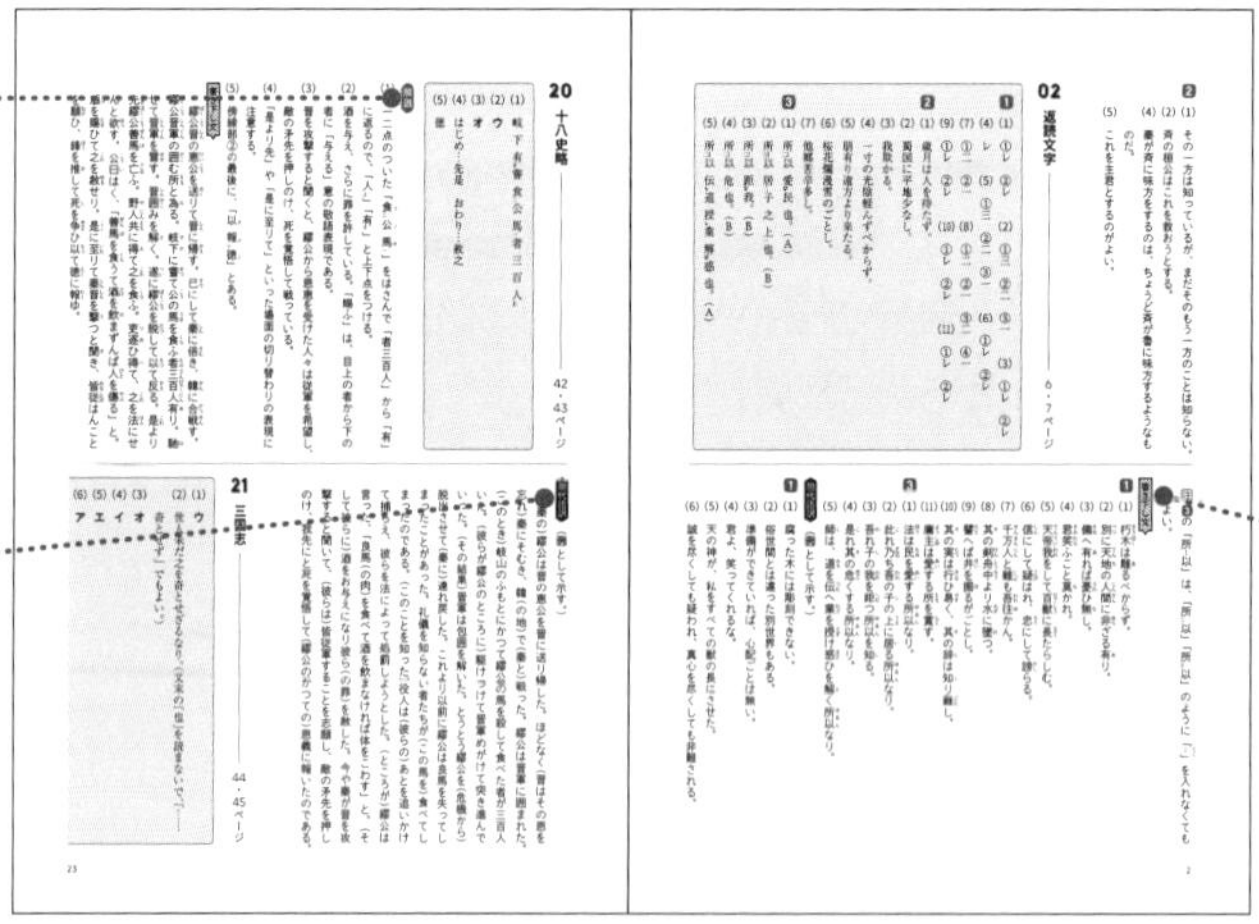

解説
解答を導く方法などを丁寧に解説しています。

現代語訳
すべての漢文の現代語訳を掲載しています。

書き下し文
すべての漢文の書き下し文を掲載しています。

本書の活用例

◎何度も繰り返し取り組むとき、１巡目は全問→２巡目は１巡目に間違った問題 …のように進めて、全問解けるようになるまで繰り返します。

◎ざっと全体を復習したいときは、各単元の☆だけ取り組むと効率的です。

目　次

01 再読文字

月　日

解答 ➡ 別冊1ページ

1 傍線部を書き下し文にせよ。

(1)☆ 事未レ成。（　　　）

(2)☆ 日月如[1]クレ流ルルガ、老将レ至。（　　　）

(3)☆ 及[2]ビテレ時ニ当二勉[3]励一。（　　　）

(4) 事《つか》フルコトレ君ニ猶レ事レ父也。（　　　）

(5) 行楽須[4]レ及レ春。（　　　）

(6) 汝[5]《なんぢ》宜レ知レ之。（　　　）

(7) 盍三各《おのおの》言二爾[6]《なんぢ》志一。（　　　）

(8) 引キテレ酒ヲ且レ飲レ之。（　　　）

(9)☆ 漢[7]水モ亦《ま》タ応二西北流一。（　　　）

(10) 民ノ帰スルハレ之ニ由二水就一レ下《ひくき》。（　　　）

語注

1 如レ流＝流れるように過ぎ去ること。
2 及レ時＝時が来る。時機。
3 勉励＝力を尽くす。
4 及レ春＝春のうちに。
5 汝＝お前。
6 爾＝お前。
7 漢水＝揚子江に注ぐ川。
8 与＝味方する。力を貸す。
9 嘗＝これまでに。

句法のまとめ

■ **再読文字とは**

漢字一字で、日本語の副詞と助動詞（ズ・ベシ・ゴトシなど）や動詞（為《す》）の二つの意味をあわせもち、一度読んだ語を**再び返って読む文字**を**「再読文字」**という。

■ **再読文字の読み方**

①再読文字が出てきたら、返り点に関係なくまず**副詞**的に読む。

2 傍線部を現代語訳せよ。

(1)☆ 知二リテ其ノ一ヲ一未レダ知二ラ其ノ二ヲ一。
（　　　　）

(2)☆ 斉ノ桓《かん》公《こう》将ニレ救ハントレ之ヲ。
（　　　　）

(3)☆ 応ニレシ知ル二故郷ノ事ヲ一。
（　　　　）

(4) 秦之与《くみ》スルレ[8]斉ニ也、猶ホキ二斉之与スルガレ魯ニ一也。
（　　　　）

(5) 是レ宜シクレシ為スレ君ト。
（　　　　）

(6) 須ラクシ三常ニ思フ二病苦ノ時ヲ一。
（　　　　）

3☆ 次の漢文は「先君未《せんくんいま》だ嘗《かつ》て楚《そ》に適《ゆ》かず。」と読む。これに従って訓点（返り点と送り仮名）をつけ、さらに現代語訳せよ。

先君未嘗[9]適楚。

（　　　　）

---

②次に、返り点に従って、下から返って**助動詞的**または**動詞的**に読む。

■**再読文字の表記のしかた**

書き下し文では、最初に副詞として読むときはそのまま**漢字で表記**し、二度目の助動詞や動詞として読むときは**平仮名で表記**する。

■**再読文字一覧**

未《いま》ダ ず	読 いまだ…ず 訳 まだ…しない
将《まさ》ニ す　**且**《まさ》ニ す	読 まさに…(んと)す 訳 これから…するつもりだ／今にも…しようとする
当《まさ》ニ べシ　**応**《まさ》ニ べシ	読 まさに…べし 訳 当然…すべきだ／きっと…にちがいない
猶《な》ホ ごとシ　(由)	読 なほ…(の・が)ごとし 訳 ちょうど…のようだ
須《すべか》ラク べシ	読 すべからく…べし 訳 ぜひ…する必要がある／…しなければならない
宜《よろ》シク べシ	読 よろしく…べし 訳 …するのがよい
盍《なん》ゾ ざル　(蓋)	読 なんぞ…ざる 訳 どうして…しないのか

返読文字

月　日

解答 ▶ 別冊2ページ

1 □に返り点を入れよ。（□のついている漢字はすべて返読文字である。）

(1)☆ 朽《きう》[1]木《ぼく》ハ不①□可カラ②□離《ゑ》[2]ル也。

(2)☆ 別ニ有リ①□天地ノ非ザル②□人《じん》[3]間《くわん》ニ。③□

(3) 有レバ①□備ヘ無シ②□憂ヒ。

(4)☆ 君莫《な》カレ□笑フコト。

(5)☆ 天帝使ム①□我ヲシテ長タラ②□百獣ニ。③□

(6) 信ニシテ而見《れ》①□疑ハ、忠ニシテ而被《る》②□謗《そし》ラ。

(7) 雖《いへど》モ①□千万人ト②□吾往《ゆ》カン矣。

(8) 其ノ剣自《より》①□舟《しう》中《ちう》②□墜《お》ツ③□於水ニ。④□

(9) 譬《たとへ》バ若《ごと》シ①□掘ルガ②□井《せい》[4]ヲ。

(10) 其ノ実[5]ハ易ク①□行ヒ、其ノ辞[6]ハ難シ②□知リ。

(11) 庸《よう》[7]主《しゆ》ハ賞[8]ス①□所ヲ②□愛スル。

語注

1 **朽木**＝腐った木。堕落した人間のたとえ。
2 **雕**＝彫刻する。「彫」と同じ。教え正すことのたとえ。
3 **人間**＝「じんかん」という読み方に注意する。人の住む所。俗世間。
4 **井**＝井戸。
5 **実**＝実行。
6 **辞**＝言葉。
7 **庸主**＝すぐれたところのない主君。凡庸な主君。
8 **賞**＝ほめる。
9 **子**＝「し」と読む。あなた。
10 **距**＝拒む。遠ざける。
11 **道**＝道理。
12 **業**＝技術。
13 **惑**＝狭くとらわれた考え。

句法のまとめ

■ **返読文字とは**

漢文は、通常、目的語や補語を示す「ヲ・ニ・ト・ヨリ」などの送り仮名がある場合は、それらがついている文字から上の文字へ返って読むことが多い。しかし、そうした目印と

2 書き下し文に直せ。（太字は返読文字である。）

(1)☆ 歳月ハ**不**待タ人ヲ。（　　）

(2) 蜀《しょく》国《こく》ニ**少**ナシ平地。（　　）

(3) 我**被**欺《あざむ》カ。（　　）

(4)☆ 一寸ノ光陰**不**可カラ軽ンズ。（　　）

(5) **有**リ朋《とも》**自**リ遠方来タル。（　　）

(6) 桜《あう》花《くわ》爛《らん》漫《まん》**如**シ雪ノ。（　　）

(7) 他郷**多**シ苦《く》辛《しん》。（　　）

3☆ 傍線部に返り点をつけ、下の（　）に「所以」が手段・方法の意ならA、原因・理由の意ならBと答えよ。

(1) 法者《は》所以愛スルヲ民ヲ也。（　　）

(2) 此レ乃チ吾ノ所以居ル9子之上ニ也。（　　）

(3) 吾レ知ル三子之所以ヲ10距《へだ》ツ我ヲ。（　　）

(4) 是レ其ノ所以危クスル也。（　　）

(5) 師者《は》、所以伝ヘ11道ヲ授ケ12業ヲ解ク13惑ヒヲ也。（　　）

なる送り仮名がなくても、下から上へ返って読む文字もあり、それを「返読文字」という。返り点のついていない白文を書き下し文に直すときなどは、この知識が役に立つ。

■代表的な返読文字

①否定
● 不《ず》〈弗〉
● 非《あらズ》〈匪〉
● 無《なシ》〈莫・毋・勿〉

②禁止
● 勿《なカレ》〈毋・無・莫〉

③使役
● 使《しム》〈令・遣・教〉

④受身
● 見《る・らル》〈被〉

⑤仮定
● 雖《いへども》

⑥可能・許可
● 可《ベシ》

⑦起点
● 自《より》〈従〉

⑧比況（ほかのものにたとえる）
● 如《ごとシ》〈若〉

⑨並列
● 与《と》

⑩その他
● 有《あリ》・無《なシ》・易《やすシ》・難《かたシ》・多《おほシ》・少《すくなシ》・所《ところ》

03 否定の形

月　日

解答 別冊3ページ

1 （　）に平仮名で読み仮名、〔　〕にカタカナで送り仮名をつけよ。

(1)☆ 見テレ義ヲ[1]不①（　）レ為サ無②（　）レ勇也。

(2)☆ 弗①（　）レバレ食ラハ、不②（　）レ知ラ二其ノ旨《うま》キヲ一也。

(3) 無①（　）二是《ぜ》[2]非《ひ》之心一、非②（　）ザルレ人ニ也。

(4) 己ノ所レ不①（　）レ欲セ、勿②（　）カレレ施スコト二於人ニ一。

(5) 無①（　）レ友トスルコト二不②（　）[3]レ如カレ己ニ者ヲ一。

2 〔　〕にカタカナで送りがなをつけ、傍線部を現代語訳せよ。

(1)☆ 不二常〔　〕得一レ油ヲ。
（　　　　　　）

(2) 常〔　〕不レ得レ油ヲ。
（　　　　　　）

(3) 勇者ハ不二必〔　〕有ラ一レ仁[4]。
（　　　　　　）

(4) 壮士一タビ去リテ兮[5]不二復〔　〕還ラ一。
（　　　　　　）

(5) 今両虎共ニ闘ハバ、其ノ勢ヒ不二倶〔　〕生キ一。
（　　　　　　）

語注

1 義＝正しいこと。
2 是非之心＝善悪を判断する心。
3 不如己者＝自分より劣った者。
4 仁＝相手を思いやる心。
5 兮＝置き字のため訓読しない。
6 王土＝王の領土。
7 涕＝「涙」と同じ。
8 勉＝努力する。

句法のまとめ

■ 代表的な否定の形

①単純な否定の句形
- 不〈弗〉二…一　読 …ず　訳 …しない
- 非〈匪〉ズ二…一　読 …にあらず　訳 …ではない
- 無〈莫〉シ二…一　読 …なし　訳 …がない

②禁止を表す句形
- 無カレ〈勿・莫・毋〉二…一　読 …なかれ　訳 …してはいけない

③再読文字を用いた否定の句形
- 未ダ二…一　読 いまだ…ず　訳 まだ…しない
- 盍ゾル二…一　読 なんぞ…ざる　訳 どうして…しないのか

3 傍線部を書き下し文（A）に直し、さらに現代語訳（B）せよ。

(1) 天下莫レ不レ称二君之賢《ヲ》一。
A（　　　）
B（　　　）

(2) 天下無レ非二王[6]土《ニ》一。
A（　　　）
B（　　　）

(3) 君子非レ無レ過《チ》。
A（　　　）
B（　　　）

(4) 非レ不レ悪《マ》レ寒《キヲ》也。
A（　　　）
B（　　　）

(5)☆ 余未二嘗不一レ垂《たレ》レ涕《なみだヲ》[7]。
A（　　　）
B（　　　）

(6) 有《レバ》レ所レ不《ル》レ足《ラ》、不二敢不一レ勉《メ》[8]。
A（　　　）
B（　　　）

---

④部分否定の句形

● 不二常《ニハ》…一　読 つねには…ず　訳 いつも…するとは限らない
● 不二必《ズシモ》…一　読 かならずしも…ず　訳 必ず…するとは限らない
● 不二倶《ニハ》…一　読 ともには…ず　訳 どちらも…するとは限らない
● 不二復《タ》…一　読 また…ず　訳 二度と…しない

〈部分否定と全部否定の違い〉
部分否定＝不＋副詞＋用言
全部否定＝副詞＋不＋用言
注 上段**2**の(2)が全部否定の形である。

⑤二重否定の句形

● 無《シ》〈莫〉レ不《ル〔コトハ〕〔セ〕》レ…　読 …〔セ〕ざる〔コトハ〕なし　訳 …しないものはない
● 無《シ》〈莫〉レ非《ザル〔ハ〕ニ》レ…　読 …にあらざる〔ハ〕なし　訳 …でないものはない
● 非《ズ》レ無《キニ》二…一　読 …なきにあらず　訳 …がないのではない
● 非《ズ》レ不《ルニ》二…一　読 …ざるにあらず　訳 …しないわけではない
● 未《ダ》三嘗《テ》不《ンバアラ》二…一　読 いまだかつて…ずんばあらず　訳 今までに…しなかったことはない
● 不二敢《ヘテ》不《ンバアラ》一レ…　読 あへて…ずんばあらず　訳 …しないわけにはいかない

04 疑問の形

解答 別冊4ページ

月　日

1 （　）に平仮名で読み仮名を、〔　〕にカタカナで送り仮名をつけよ。

(1)☆ 今子ニ有ルハ二憂色一何（①　）也（②　）。

(2)☆ 今夜不レ知ラ何（　）処ニカ宿スルヲ。

(3)☆ [1]沛《はい》公《こう》安（　）在ル。

(4)☆ 君安（　）与と二[2]項《こう》伯《はく》一有ルレ[3]故《こ》。

(5)☆ 孰（　）カ謂フ二子[4]産ハ智ナリト一。

(6) 父ト与レ夫孰（　）親シキ。

(7) 夫子何為（　）不ルレ執《と》ラ弓ヲ。

(8) 諸侯ノ不ルハレ従ハ奈（　）何セン。

(9)☆ 今之従フレ政ニ者ハ何（　）如。

(10) 月白ク風清シ、如二此ノ良夜ヲ一何（　）。

(11) 何（①　）以（②　）為ル二我ガ[5]禽《とりこ》ト一。

語注

1 沛公＝漢の高祖といわれている劉邦《りゅうほう》のこと。
2 項伯＝人名。
3 有レ故＝知り合いである。
4 子産＝人名。春秋時代に活躍した。
5 禽＝ここは臣下の意。

句法のまとめ

■代表的な疑問の形

①文頭・文中に疑問詞のみ用いる形

疑問詞	読み	意味
何ゾ〈奚・曷・胡〉	なんぞ	どうして…か〈理由〉
何ヲ(カ)〈奚〉…(ヤ)	なにを〔か〕…〔や〕	何を…か〈内容〉
何レノ	いづれの	いつ…か どこに…か〈時間・場所〉
安クニカ〈何・悪・焉〉	いづくにか	どこに…か〈場所〉
安クンゾ〈悪・焉・寧〉	いづくんぞ	どうして…か〈理由〉
誰カ〈孰〉	たれか	だれが…か〈人物〉

2 傍線部をすべて平仮名の書き下し文（A）に直し、さらに現代語訳（B）せよ。

(1) 夫子《ハ》聖《ナル》者与。

A（　　　　） B（　　　　）

(2) 子奚《ゾ》不《ル》レ為《サ》レ政《まつりごとヲ》。

A（　　　　） B（　　　　）

(3) 君悪《クニカ》在《ル》。

A（　　　　） B（　　　　）

(4) 是《レ》無《シ》二奈《ン》レ我《ヲ》何《トモスル》一。

A（　　　　） B（　　　　）

(5) 何為《レゾ》不《ル》レ去《ラ》也。

A（　　　　） B（　　　　）

(6) 何《ヲ》以《テ》知《ル》二其《ノ》然《しかルヲ》一邪。

A（　　　　） B（　　　　）

孰《レカ》	いづれか	どちらが…か〈選択〉
何〈奚・曷・胡〉為《レゾ》	なんすれぞ	どうして…か〈理由〉
如〈奈・若〉何《セン》	いかん〔せん〕	どうしようか〈手段・方法・処置〉
何如・何奈・何若	いかん	どうか〈様子・状態・程度〉
何《ヲ》〈奚〉以《(カ)(テ)》…	なにをもって〔か〕…〔や〕	どうやって…か どうして…か〈方法・手段・理由〉
幾何《ゾ》・幾許	いくばくぞ	どれくらいか〈分量〉

②文末に疑問の助字のみ用いる形

乎・邪・耶・也・哉・与・歟	か
	…か

注 ①疑問詞に「ぞ」が付く、②文末の助字に接続する活用語が動詞「あり」または打消しの助動詞「ず」の終止形、これら①・②の場合、文末の助字は「や」と読むことが多い。

③①と②がセットになった形

- 何《ゾ》…乎　読 なんぞ…や　訳 どうして…か
- 何《ヲカ》…乎　読 なにをか…や　訳 なにを…か
- 安《クニカ》…乎　読 いづくにか…や　訳 どこに…か
- 安《クンゾ》…乎　読 いづくんぞ…や　訳 どうして…か
- 誰《カ》…乎　読 たれか…や　訳 だれが…か
- 孰《レカ》…乎　読 いづれか…や　訳 どちらが…か

注 疑問詞・助字とも、①・②の表で示してあるほかの漢字もあてはまる。

月　日

解答 ⌄ 別冊5ページ

1　（　）に平仮名で読み仮名を、（　）にカタカナで送り仮名をつけよ。

(1)☆ 不仁者ハ可①（　）二与ニ言フ一哉②（　）。

(2)☆ 帝力何①（　）有②（　）二於我ニ一哉③（　）。

(3)☆ 之《こ》ノ二[1]虫、又タ何①（　）知②（　）。

(4) 燕《えん》[2]雀《じゃく》安①（　）知②（　）二鴻《こう》[3]鵠《こく》之志ヲ一哉③（　）。

(5) 孰①（　）カ不②（　）レ可カラレ忍ブ。

(6) 何①（　）為レゾ寸歩出デテレ門ヲ行②（　）。

(7) 虞《ぐ》ヤ兮虞ヤ兮奈レ若①（　）ヲ何②（　）。

(8) 如①（　）何ゾ不②（　）二涙垂《た》レ一。

(9)☆ 以テレ此ヲ為サバレ治ヲ、豈①（　）ニ不②（　）レ難カラ哉③（　）。

(10) 独①（　）畏《おそ》②（　）二廉《れん》将軍ヲ一哉③（　）。

(11) 百獣之見ルヤレ我ヲ、而敢①（　）不②（　）レ走ラ乎③（　）。

語注

1 **二虫**＝二匹の動物。「虫」は動物の総称として使われることがある。
2 **燕雀**＝ツバメとスズメ。小人物のたとえ。
3 **鴻鵠**＝オオトリとクグイ。大人物のたとえ。
4 **耕且為**＝農耕をしながら政治を行うこと。

句法のまとめ

■ **反語と疑問の見分け方**

反語とは、疑問の形を借りてその反対の意味を強調する表現法であるため、同じ助字や疑問詞を用いることが多い。ただし、文末には次のような違いがあるので、覚えておくと役立つ。

〈反語と疑問の違い〉

文末が ─┬─ ん・んや ──▶ 反語
　　　　└─ か・や・連体形 ──▶ 疑問

注 疑問でも推量の助動詞にあたる「ん・らん・けん」は連体形と終止形が同じため、「ん」で終わる。この場合は前後の文脈で判断する。

■ **代表的な反語の形**

①文末の助字

● …乎ン　〈邪・耶・也・哉・与・歟〉　読 …んや　訳 …（だろう）か。いや、…ない。

2 傍線部を書き下し文（A）に直し、さらに現代語訳（B）せよ。

(1) 君子《ハ》何《ゾ》患《うれヘン》三乎無《キヲ》二兄弟一也。

A（　）B（　）

(2) 悪《クンゾ》有《ラン》二不《ル》レ戦《ハ》者一乎。

A（　）B（　）

(3) 人生自《より》レ古《いにしへ》誰《カ》無《カラン》レ死。

A（　）B（　）

(4) 不《ンバ》レ能《あたハ》レ正《シクスルコト》二其《ノ》身《ヲ》一、如レ正《スヲ》レ人《ヲ》何《セン》。

A（　）B（　）

(5)☆ 晋《しん》豈《ニ》害《セン》レ我《ヲ》哉。

A（　）B（　）

(6) 臣敢《ヘテ》不《ランヤ》レ聴《カ》レ命《ヲ》。

A（　）B（　）

②疑問詞の反語

● 何《ゾ》…《ン》（乎）　読 なんぞ…ん（や）　訳 どうして…か。いや、…ない。

● 何《ヲカ》…《ン》（乎）〈奚・曷・胡〉　読 なにをか…ん（や）　訳 なにを…か。いや、…ない。

● 安《クンゾ》…《ン》（乎）〈悪・焉〉　読 いづくんぞ…ん（や）　訳 どうして…か。いや、…ない。

● 誰《カ》…《ン》（乎）〈孰〉　読 たれか…ん（や）　訳 だれが…か。いや、だれも…ない。

● 何為《レゾ》…《ン》（乎）〈奚為・曷為・胡為〉　読 なんすれぞ…ん（や）　訳 どうして…か。いや、…ない。

● 如《ヲ》二…一何《セン》〈奈・若〉　読 …をいかんせん　訳 …をどうしようか。いや、どうしようもできない。

● 如何《ゾ》…《ン》（乎）〈奈何・若何〉　読 いかんぞ…ん（や）　訳 どうして…か。いや、…ない。

● 何以《テ》…《ン》（乎）　読 なにをもつて…ん（や）　訳 どうして…か。いや、…ない。

● 何《ゾ》必《ズシモ》…《ン》（乎）　読 なんぞかならずしも…ん（や）　訳 どうして…する必要があろうか。いや、…する必要はない。

③反語独自の形

● 豈《ニ》…《ン》（乎）　読 あに…ん（や）　訳 どうして…か。いや、…ない。

● 独《リ》…《ン》（乎）　読 ひとり…ん（や）　訳 どうして…か。いや、…ない。

● 敢《ヘテ》不《ラン》二…一（乎）　読 あへて…ざらん（や）　訳 どうして…ないことがあろうか。いや、必ず…（する）。

06 使役の形

月	日

解答 別冊7ページ

1 （　）にカタカナで送り仮名をつけよ。

(1)☆ 桓《かん》[1]公《こう》使二（①）人（②）問レ（③）之ニ。

(2)☆ 使三（①）虎（②）釈《す》テ二其ノ爪《さう》牙《が》ヲ一、而使二（③）狗《いぬ》[2]（④）用レヰ之ヲ。

(3) 嗣《し》[3]公《こう》令三（①）人（②）遺《おく》ラ二之ニ席[4]ヲ一。

(4) 帝命二（①）二子一（②）負二（③）二山一ヲ。

(5) 余助レ（①）苗ヲ長（②）矣。

2 傍線部に返り点をつけよ。

(1)☆ 李《り》[5]斯《し》使ム人ヲシテ遺ラ韓[6]非ニ薬ヲ。

(2) 思ヘバ君ヲ令ム人[7]ヲシテ老イ。

(3) 命ジテ豎《じゅ》[8]子《し》ニ殺シテ雁ヲ烹《に》[9]シム之ヲ。

(4) 勧メテ秦王ニ顕ハサシム岩[10]穴之士ヲ。

(5) 遣ハシテ沛公ヲ、西シテ略セシム地ヲ。

語注

1 **桓公**＝君主の名。
2 **狗**＝「犬」と同じ。
3 **嗣公**＝人名。
4 **席**＝座席にするためのむしろ。ござ。
5 **李斯**＝人名。
6 **韓非**＝人名。韓非子のこと。
7 **人**＝ここは自分のこと。
8 **豎子**＝子ども。童僕（男の子どものしもべ）。
9 **烹**＝煮る。料理する。
10 **岩穴之士**＝才能がありながら隠遁している人物たち。隠遁者。
11 **起買**＝人名。
12 **故人**＝旧友。
13 **資**＝資金を与える。

句法のまとめ

■ **使役とは**

だれかになにかを「させる」という意味を表す。古文では「す・さす・しむ」が使役の助動詞になるが、漢文では「しむ」だけを用いる。

3 **傍線部を書き下し文（A）に直し、さらに現代語訳（B）せよ。**

(1)☆ 秦ノ昭王使㆔人遺《おく》㆓趙王書㆒。

A（　　　）
B（　　　）

(2) 秦令㆓起《き》[11]賈《か》禁㆒㆑之。

A（　　　）
B（　　　）

(3) 命㆓故[12]人㆒書㆑之。

A（　　　）
B（　　　）

(4) 遣㆑人往看。

A（　　　）
B（　　　）

(5) 燕資[13]シテ㆑之ニ、以至㆑趙。

A（　　　）
B（　　　）

■ **代表的な使役の形**

①使役の助字を用いる形

● **使**ム㆓**A**ヲシテ**B**（セ）㆒〈令・教・遣〉 読 AをしてB〔せ〕しむ 訳 AにBさせる。

②使役の意を含む動詞を用いる形

● **命**ジテ㆑**A**ニ**B**（セ）シム 読 Aに命《めい》じてB〔せ〕しむ 訳 Aに命令してBさせる。

● **教**ヘテ㆑**A**ニ**B**（セ）シム 読 Aに教《おし》へてB〔せ〕しむ 訳 Aに教えてBさせる。

● **召**シテ㆑**A**ヲ**B**（セ）シム 読 Aを召《め》してB〔せ〕しむ 訳 Aを呼んでBさせる。

● **勧**メテ㆑**A**ニ**B**（セ）シム 読 Aに勧《すす》めてB〔せ〕しむ 訳 Aに勧めてBさせる。

● **説**キテ㆑**A**ニ**B**（セ）シム 読 Aに説《と》きてB〔せ〕しむ 訳 Aを説得してBさせる。

● **遣**ハシテ㆑**A**ヲ**B**（セ）シム 読 Aを遣《つか》はしてB〔せ〕しむ 訳 Aを派遣してBさせる。

③文脈から判断して使役に読む場合
動詞の下に動作を受ける対象のあることが多い。上段の**1**の(5)や**3**の(5)がこれに当たる。

例 醸シテ㆑酒ヲ以テ飲マシム㆑客ニ。
（飲→使役に読む動詞）（客→「飲ませる」という動作を受ける対象）

読 酒《さけ》を醸《かも》して以《もっ》て客《きゃく》に飲《の》ましむ。

訳 酒を作って客に飲ませる。

07 受身の形

月　日

解答 別冊8ページ

1 傍線部の読み方を例にならって答えよ。（例 君莫レ笑フコト。↓なカレ）

(1)☆ 百《ひゃく》[1]姓《せい》見レ保タ。　（　　）

(2)☆ 愚者ハ愛二惜シテ費[2]ヲ一、但ダ為二後世ノ嗤《わらひ》ト一。　（　　）

(3)☆ 信ニシテ而見①レ疑ハ、忠ニシテ而被②レ謗[3]《そしラ》。　①（　　）②（　　）

(4) 吾ガ命有リレ所レ制スル矣。　（　　）

(5) 厚キ者ハ為①レ戮[4]《りくセ》、薄キ者ハ見②レ疑ハ。　①（　　）②（　　）

2 傍線部に返り点をつけよ。

(1)☆ 後ルレバ則チ為ル人ノ所ト制スル。

(2) 嘗テ為ニ陽[5]虎ノ所ル暴セ。

(3) 窮スル者常ニ制セラル於人ニ。

(4) 彼《かノ》窃[6]《ぬすム》鉤[7]《こうヲ》者誅[8]《ちうセラル》。

語注

1 **百姓**＝多くの人民。民衆。読み方にも注意する。
2 **費**＝出費。
3 **謗**＝非難する。
4 **戮**＝殺す。
5 **陽虎**＝人名。
6 **窃**＝盗む。
7 **鉤**＝つりばり。
8 **誅**＝処罰する。
9 **弥子瑕**＝人名。
10 **衛君**＝衛国の主君。
11 **吾属**＝われわれ。
12 **朋友**＝友人。
13 **蘇秦**＝戦国時代の遊説家。
14 **游説**＝「遊説」と同じ。各国を回って、自分の考えを説くこと。
15 **恵王**＝楚国の王。

百姓《ひゃくせい》

3 **傍線部を書き下し文(A)に直し、さらに現代語訳(B)せよ。**

(1)☆ 弥《び》[9]子《し》瑕《か》見レ愛二衛君[10]一。

A（　　）
B（　　）

(2) 吾《ご》[11]属《ぞく》今為二沛公虜一矣。

A（　　）
B（　　）

(3)☆ 遂ニ為二楚所一レ敗。

A（　　）
B（　　）

(4) 労スルレ力ヲ者ハ治二於人一。

A（　　）
B（　　）

(5) 不レ信二乎朋[12]友一。

A（　　）
B（　　）

(6) 蘇[13]秦游《いう》[14]二説《ぜい》シテ秦ノ恵[15]王ニ一不レ用。

A（　　）
B（　　）

句法のまとめ

■代表的な受身の形

①受身の助字を用いる句形

・見二…一　読 …る　訳 …れる。

・見ル二…一〈被・所・為〉　読 …らる　訳 …られる。

②「為A所B」で受身を表す句形

・為ル二A ノ所一レ B トスル　読 AのB〔する〕ところとなる　訳 AにBされる。

注 古くは「所」を用いず、「為ル二A ノB トー」となる形もある。このとき動作を表すBは**1**(2)・**3**(2)のように、名詞化されたものとして訓読する。

③置き字を用いる受身の句形

・B〔セ〕ラル二於A一　読 AにB〔せ〕らる　訳 AにBされる。

注「於」は「乎・于」でも同じ。

④文脈から判断して受身に読む場合

例 策不レ用キラレ。　読 策《さく》用《もち》ゐられず。　訳 はかりごとは採り入れられない。

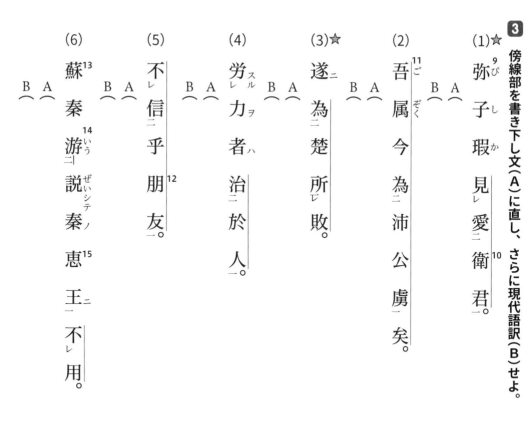

08 比較・選択の形

1 （　）にカタカナで送り仮名をつけよ。

(1)☆ 氷ハ寒㆓（①）於水㆒（②）。

(2)☆ 知ㇽ㆑之ヲ者ハ不㆑如㆓（　）楽シム㆑之ヲ者㆒ニ。

(3) 知ルハ㆑臣ヲ莫（①）㆑如（②）㆑君㆓ニ。

(4) 寧（①）為ルトモ㆓鶏口㆒ト、無（②）㆑為ル㆓牛[1]後㆒ト。

(5) 与（①）㆓其ノ有ラン㆑誉《ほまれ》[2]㆓於前㆒ニ、孰‐㆔若（②）無キニ㆑毀《そしり》[3]㆓於其ノ後㆒ニ。

2 傍線部に返り点をつけよ。

(1)☆ 苛[4]政ハ猛於虎ヨリモ也。

(2) 徐[5]公ハ不若カ君之美ニ。

(3) 人之所ハ㆑急[6]スル、無シ如クハ其ノ身ニ。

(4) 反《かへリミテ》㆑身ニ而誠ナレバ、楽シミ莫シ大ナルハこれヨリ焉。

(5) 与リハ其ノ有ラン楽シミ於身ニ、孰‐若レゾ無カランニ憂ヒ於其ノ心ニ。

語注

1 **牛後**＝牛のしっぽ。
2 **誉**＝評判が高いこと。
3 **毀**＝悪口を言う。
4 **苛政**＝むごい政治。人々を苦しめる政治。
5 **徐公**＝人名。美男として名高かった。
6 **急**＝重大視する。
7 **二月花**＝桃の花。
8 **帰**＝「贈」と同じ。贈る。
9 **喪**＝葬儀。
10 **易**＝順調にはこぶ。
11 **戚**＝「悼」と同じ。人の死を悲しむ。
12 **奢**＝ぜいたくをする。

句法のまとめ

■ 代表的な比較の形

● AハC㆓於B㆒ヨリ〔モ〕　読 AはBより〔も〕C　訳 AはBよりもCだ。

注「於」は置き字で読まないが、原則として下の体言(B)に「ヨリ〔モ〕」と送り仮名をつける。用言(C)には優劣をイメージさせる言葉がくる。「於」は「乎・于」でも同じ。

月　日

解答 ➡ 別冊9ページ

3 傍線部を現代語訳せよ。

(1)☆ 霜葉《ハ》紅《ナリ》二於二月[7]《ノ》花《ヨリモ》一。

（　　　　）

(2)☆ 師《ハ》不三必《ズシモ》賢《ナラ》二於弟子《ヨリモ》一。

（　　　　）

(3) 与《フルハ》レ秦《ニ》、不レ若《カ》レ帰[8]《おくルニ》二之《ヲ》大国《ニ》一。

（　　　　）

(4) 衣《ハ》莫《ク》レ若《クハ》レ新《タナルニ》、人《ハ》莫《シ》レ若《クハ》レ故《ふるキニ》。

（　　　　）

(5) 晋国《ハ》天下《ニ》莫《シ》レ強《ナルハ》レ焉《ヨリ》。

（　　　　）

(6) 寧《ロ》人負《そむクトモ》レ我《ニ》、毋《カレ》二我負《クコト》レ人《ニ》一。

（　　　　）

(7) 喪[9]《もハ》与《リハ》二其《ノ》易[10]《おさマラン》一也寧《ロ》戚[11]《いたメ》。

（　　　　）

(8) 礼《ハ》与《リハ》二其《ノ》奢[12]《おごラン》一寧《ロ》倹《ナレ》。

（　　　　）

● A《ハ》不レ如《カ》レB二
読 AはBにしかず
訳 AはBに及ばない（AよりBのほうがよい）。

● 莫《シ》レ如《クハ》〈若〉レA二
注「不レ如」は「不レ若」でも同じ。
読 Aにしくはなし
訳 Aに及ぶものはない（Aが一番だ）。

● 莫《シ》レB《(ナル)ハ》二於A《ヨリ(モ)》一
読 Aより〔も〕B〔なる〕はなし
訳 AよりBなものはない。

■ 代表的な選択の形

● 寧《ロ》A《(ス)トモ》無《カレ》二B一
読 むしろA〔す〕ともB〔する〕なかれ
訳 むしろAしてもBするな。
注「無」は「勿・莫・毋」でも同じ。

● 与《リハ》二A一寧《ロ》B
読 Aよりはむしろ B
訳 Aよりはむしろ Bのほうがよい。

● 与《リハ》二A一孰三若《レゾ》B二
読 AよりはBにいづれぞ
訳 AよりはBのほうがよい。
注「孰－若」は「孰－与」でも同じ。

〈「不レ如」「莫レ如」「与」「孰－若」の表記〉
書き下し文では、原則どおり助動詞と助詞にあたる部分だけをひらがなにする。
・不レ如《カ》＝如《し》かず（動詞 助動詞）・莫《シ》レ如《クハ》＝如《し》くは 莫《な》し（動詞 助詞 形容詞）
・与《リハ》＝よりは（助詞 助詞）　・孰－若《レゾ》＝孰若《いず》れぞ（名詞 助詞）

感嘆の形

月　日

解答 ➡ 別冊10ページ

1 （　）には平仮名で読み仮名を、〔　〕にはカタカナで送り仮名をつけよ。

(1)☆ 嗚呼（　）、其レ真ニ無キレ馬邪。

(2) 直ナル（　）哉、史[1]魚。

(3) 王将軍何①（　）怯《けふ》ナル[2]②（　）也。

(4) 仁以テ為スニ己ガ[3]任ト一①（　）、不二②（　）亦タ重カラ一③（　）乎。

(5) 豈①（　）不レ謬《あやま》タ[4]②（　）哉。

(6) 是レ命ナル[5]也夫（　）。

(7) 嗟乎（　）士ハ[6]為ニ二知ルレ己ヲ者ノ一死ス。

(8) 割リテレ之ヲ不ルレ多カラ、又タ何①（　）廉ナル[7]②（　）也。

2 傍線部に返り点をつけよ。

(1) 陳《ちん》[8]仲《ちゅう》子《し》ハ豈ニ不誠ノ廉[9]士ナラ哉。

(2) 学ンデ而時ニ習フレ之ヲ、不亦タ説《よろこ》バシカラ[10]乎。

語注

1 **史魚**＝人名。
2 **怯**＝臆病。卑怯《ひきょう》。
3 **己任**＝自分の生涯の任務。
4 **謬**＝「誤」と同じ。誤り。
5 **命**＝運命。天命。
6 **士**＝男。
7 **廉**＝欲がない。
8 **陳仲子**＝人名。
9 **廉士**＝心が清くて私欲のない人。
10 **説**＝「喜」と同じ。喜ばしいこと。
11 **逝者**＝過ぎ去って行く者。死者とは限らない。
12 **楚人**＝楚の国の人。読み方に注意する。「〜の国の人」という場合は、「人」を「ひと」と読む。

学而時習之

3 すべてひらがなの書き下し文（A）に直し、さらに現代語訳（B）せよ。

(1)☆ 嗚呼哀《かなシイ》哉。
A（　　）
B（　　）

(2) 父曰《ハク》、嗟予《わガ》子《ト》。
A（　　）
B（　　）

(3) 逝《ゆク》[11]者《ハ》如《キ》レ斯《かくノ》夫。
A（　　）
B（　　）

(4) 何《ゾ》楚[12]人之多《キ》也。
A（　　）
B（　　）

(5) 不二亦《タ》楽《シカラ》一乎。
A（　　）
B（　　）

(6) 豈《ニ》不レ哀《シカラ》哉。
A（　　）
B（　　）

句法のまとめ

■代表的な感嘆の形

①文頭にくる感嘆の形

●**嗚呼**……　読 ああ……　訳 ああ……。

注「嗚呼」は「嗟乎・吁嗟・嗟・噫・嘻」などでも同じ。「嗚」は「鳴」と間違わないようにすること。

②文末にくる感嘆の形

●……**哉**　読 ……かな　訳 だなあ。

注「哉」は「矣・夫・乎・与・也夫・乎哉」などでも同じ。上段❶の(2)は、「史魚《ハ》直《ナル》哉。」が倒置して「直《ナル》哉、史魚。」となっていて、「直哉」を強調した構文になっている。

③疑問や反語を用いて感嘆を表す形

●**何**《ソ》……**乎**　読 なんぞ……や　訳 なんとも……ことよ。

●**不**二**亦**《タ》……一**乎**　読 また……ずや　訳 なんとも……ではないか。

●**豈**《ニ》**不**二……一**乎**　読 あに……ずや　訳 なんとも……ではないか。

10 限定の形

1 （　）には平仮名で読み仮名を、〔　〕にはカタカナで送り仮名をつけよ。

(1)☆ 天下ノ英雄ハ唯（①）君ト与[1]〔②〕レ我。

(2) 直（①）不ル二百歩ナラ一耳〔②〕。

(3) 但（①）聞（②）二人語ノ響キヲ一。

(4)☆ 独（①）秦〔②〕能ク苦シメンレ趙ヲ。

(5)☆ 生キテ還《かへ》レル者、僅《わづ》〔①〕三人而已（②）。

(6) 小[2]人ハ無シレ朋《とも》。惟（①）君子（②）有リレ之。

(7) 雖モレ欲スレ従ハントレ之ニ、末[3]《な》キレ由[4]《よし》已（　）。

(8) 吾レ於イテハ二武[5]成ニ一、取ル二二三ノ策ヲ一而已矣（　）。

(9)☆ 雖モレ殺スレ之ヲ無シレ益《えき》。祇（①）益《ま》スレ禍ヒヲ耳（②）。

(10) 但（①）能ク使ムル[6]二之（②）由《よ》ラ一爾（③）。

(11) 但（①）少《か》ク[7]下閑[8]人ノ如キ二吾ガ両人ノ一者ヲ上耳（②）。

語注

1 **与**＝「A与《ト》レB」のパターンで「AとBと」と読む。

2 **小人**＝つまらない人物。

3 **末**＝「無」と同じ。無い。

4 **由**＝方法。てだて。

5 **武成**＝地名。

6 **之**＝送り仮名は上の「使」と関連させて、使役の形「使《ム》二A《ヲシテ》 B《(セ)》一」を思い出す。

7 **少**＝「かく」と読み、足りないこと。

8 **閑人**＝世俗を離れて閑居する人。ひまじん。

9 **利**＝利益。

10 **書**＝文字。

11 **臣**＝臣下が君主に対してへりくだっていう自称の言葉。私。

12 **夫子**＝先生。孔子をさすことが多い。

13 **忠恕**＝「忠」はまごころ、「恕」は思いやり。

月　日

解答 別冊11ページ

2 すべてひらがなの書き下し文（A）に直し、さらに現代語訳（B）せよ。

(1)☆ 唯ダ利[9]ノミ之レ求ム。

A（　　）

B（　　）

(2) 余惟ダ利ノミ是レ視ル。

A（　　）

B（　　）

(3)☆ 書[10]ハ足ル三以テ記スニ二姓名ヲ一而已。

A（　　）

B（　　）

(4)☆ 口《こう》耳《じ》之間ハ、四《よん》寸耳。

A（　　）

B（　　）

(5) 今独リ臣[11]ノミ有リレ船。

A（　　）

B（　　）

(6) 夫[12]子之道ハ[13]忠《ちう》恕《じよ》而已矣。

A（　　）

B（　　）

句法のまとめ

■ **代表的な限定の形**

①限定の副詞を用いる句形

● **唯**ダ …〔ノミ〕 読 ただ…〔のみ〕 訳 ただ…だけ（だ）。

注「唯」は「惟・但・只・祇・徒・直・特」などでも同じ。

● **独**リ …〔ノミ〕 読 ひとり…〔のみ〕 訳 ただ…だけ（だ）。

● **僅**カニ …〔ノミ〕 読 わづかに…〔のみ〕 訳 やっと…だけ（だ）。

注「僅」は「纔」でも同じ。

②限定の助字を用いる句形

● … **耳** 読 …〔のみ〕 訳 …だけ（だ）。…にすぎない。

注「耳」は「已・爾・而已・也已・而已矣」でも同じ。

〈「のみ」の漢字の違い〉

「のみ」本来の意味は「**已**」が持っている。これに接続詞のはたらきをする「而」がついて「**而已**」の形になり、意味が強まる。これに、断定的なニュアンスのある「矣」がついて「**而已矣**」の形になり、さらに意味が強まる。「**耳**《ジ》」と「**爾**《ジ》」は、「而已《ジイ》」の音《おん》だけを借りたあて字である。

以上のように、5つの「のみ」には微妙な違いはあるが、現代語訳するときは、すべて同様に訳してよい。

11 仮定の形

1 傍線部の読みを例にならって答えよ。（例 君莫レ笑フコト。→なカレ）

(1) ①若我②出レ師[1]《いくさヲ》、必ズ懼[2]《おそレテ》而帰ラン。　①（　）②（　）

(2)☆ ①如②至二乎大病一ニ、則チ如レ之ヲ何セン。　①（　）②（　）

(3)☆ ①苟②無レ民、何ヲ以テ有レ君ランヤ。　①（　）②（　）

(4) ①縦子②忘レ之ヲ、山川ノ鬼[3]《き》神《じん》其レ忘レレン諸ヲ乎。　①（　）②（　）

(5)☆ ①雖レ②有二智恵一、不レ如レカ乗レズルニ勢ヒニ。　①（　）②（　）

2 傍線部に訓点（返り点と送り仮名）をつけよ。

(1) 学若不成、死ストモ不レ還《かへ》ラ。

(2)☆ 苟有過《あやま》、人必ズ知レル之ヲ。

(3) 縦上[4]《しやう》不殺我、我不レラン愧[5]《はヂ》二於心一ニ乎。

(4)☆ 其ノ身不レバ正シカラ、雖令不従。

(5) [6]如使予《われ》欲富、辞シテ二十万ヲ一而受レケンヤ万ヲ。

語注

1 師＝軍隊。師団。
2 懼＝「恐」と同じ。恐れる。
3 鬼神＝人の目や耳では確かめることができない超人的な能力を持っている存在。
4 上＝王。
5 愧＝「恥」と同じ。恥じる。
6 如使＝二字で仮定の形になる。
7 日月＝太陽と月。

句法のまとめ

■ 代表的な仮定の形

①副詞を用いる仮定の形

● 如シ…バ　読 もし…ば　訳 もし…ならば。

注「如」は「若・仮・即・向使・如使」でも「もし」と読む。「バ」の直前の活用形は未然形になる。

● 苟クモ…バ　読 いやしくも…ば　訳 もし…ならば。

注「バ」の直前の活用形は未然形になる。

3 傍線部をすべてひらがなの書き下し文（A）に直し、さらに現代語訳（B）せよ。

(1) 若シ子死セバ、将ニ誰ヲカ使メントレ代ラレ子ニ。

A（　　　　　　　　　　　　）
B（　　　　　　　　　　　　）

(2)☆ 苟クモ志セバ二於仁ニ一矣、無キレ悪也。

A（　　　　　　　　　　　　）
B（　　　　　　　　　　　　）

(3) 縦ヒ弗ルトモレ能ハレ死スル、其レ又奚ヲカ言ハンヤ。

A（　　　　　　　　　　　　）
B（　　　　　　　　　　　　）

(4)☆ 雖モ下与二日《じつ》[7]月一争上フト光ヲ、可也。

A（　　　　　　　　　　　　）
B（　　　　　　　　　　　　）

(5) 使メバ二民ヲシテ衣食有ラ一レ余リ、自ヅカラ不ランレ為サレ盗ヲ。

A（　　　　　　　　　　　　）
B（　　　　　　　　　　　　）

(6) 君ニシテ而不ンバレ可ナラ、尚ホ誰ヲカ可トスル者ゾ。

A（　　　　　　　　　　　　）
B（　　　　　　　　　　　　）

● **縦**ヒ…トモ～　読 たとひ…とも～
　訳 たとえ…としても、～だ。
注「縦」は「縦令・仮令・設令」でも「たとひ」と読む。「トモ」の直前の活用形は終止形になる。

②接続の助字を用いる仮定の形

● **雖**モ二…ト一～　読 …といへども～
　訳 たとえ…としても、～だ。
注「ト」の直前の活用形は終止形になる。また、体言（名詞）がくる場合もある。

③文脈から判断して仮定に読む場合
上の文が仮定条件になって下の文へ続いていることが多い。上段の3の(5)・(6)がこれに当たる。

例 不ンバレ入ラ二虎穴ニ一、不レ得二虎子ヲ一。（↓仮定条件）
読 虎穴《こけつ》に入《い》らずんば、虎子《こじ》を得《え》ず。
訳 虎の穴に入る危険を冒さないと、虎の子を手に入れることはできない。

〈「不《ず》ンバ・無《な》クンバ」という言い方〉

古文では、仮定を表す場合は「未然形＋ば」になる。ところが、漢文では、

不＋バ　＝ずば　↓**ずんば**
無ク＋バ＝無くば↓**無くんば**

と読んだり、現代語のように「已然形＋ば」の形で読んだりすることが多い。このような漢文独特の読み方にも慣れるようにしよう。

12 抑揚・累加の形

1 （　）に平仮名読み仮名を、〔　〕にカタカナで送り仮名をつけよ。

(1) 一[1]夫①（　）不レ可カラレ狃《な》ラス[2]、況②（　）国③（　）乎④〔　〕。

(2) 蔓《つる》草《くさ》①（　）猶②（　）不レ可カラレ除ク、況③（　）君之寵《ちやう》[3]弟《てい》④（　）乎⑤〔　〕。

(3) 庸[4]人①（　）尚②（　）羞《は》ヅレ[5]之ヲ、況③（　）於④（　）二将相ニ一乎⑤〔　〕。

(4) 臣①（　）尚②（　）自ラ悪③（　）ム也。而《しか》ルヲ況④（　）於⑤（　）レ君ニ。

(5) 将軍①（　）且②（　）死セリ、妾《せふ》[6]安③（　）用ヰンレ生ヲ乎④〔　〕。

(6) 此ノ句他人①（　）尚②（　）不レ可カラレ聞ク。況③（　）僕ノ心④（　）哉⑤〔　〕。

(7) 不二唯①（　）忘②（　）レ帰ルヲ、可シ二以テ終《を》フレ老イヲ。

(8) 非ズ二徒①（　）無②（　）レ益、而モ又タ害スレ之ヲ。

(9) 豈①（　）徒②（　）斉ノ民安③（　）、天下之民挙《みな》[7]安シ。

(10) 故郷何①（　）独②（　）在③（　）二長安ニ一。

(11) 民不レバレ楽シマレ生ヲ、尚①（　）不レ避ケレ死ヲ、安②（　）能ク避③（　）レ罪ヲ[10]。

語注

1 一夫＝一人の男。
2 狃＝手なずける。
3 寵弟＝かわいがっている弟。
4 庸人＝凡人。普通の人。
5 羞＝恥じる。
6 妾＝女性が自分をへりくだって言う言葉。私。
7 挙＝ことごとく。みんな。
8 巵酒＝一杯の酒。
9 飢渇＝飢えと渇き。
10 罪＝刑罰。死罪のこと。

句法のまとめ

■「抑揚」と「累加」の違い

「抑揚」とは、「Aでさえも Bだ」と最初に軽い内容を抑えて述べ、次に「ましてCは、なおさら(B)だ」と強調したい内容を持ち揚げて述べる表現である。これに対し「累加」とは、「ただAだけでなく、Bもそうである」と前に述べたことに累《かさ》ねて後のことを加えて強調する表現である。

■代表的な抑揚の形

● A《ハ》B。〔而〕《しかルヲ》況《いはンヤ》C乎《ヲ》（「乎」は「哉」でも同じ）

読 AはB。〔しかるを〕いはんやCをや

訳 AはBである。ましてCはなおさらBだ。

解答 別冊14ページ

月　日

2 傍線部を書き下し文（A）に直し、さらに現代語訳（B）せよ。

(1) 死《スラ》且《ツ》不レ避《ケ》、況断レ手乎。

A（　　　　）
B（　　　　）

(2) 禽獣《スラ》知《ル》レ恩《ヲ》、而況於レ人乎。

A（　　　　）
B（　　　　）

(3) 臣、死《スラ》且《ツ》不レ避《ヲ》、卮《し》[8]酒《しゅ》安足レ辞。

A（　　　　）
B（　　　　）

(4) 非三独賢者有二是心一也、人皆有《リ》レ之。

A（　　　　）
B（　　　　）

(5) 豈惟口《こう》腹《ふく》有二飢《き》[9]渇《かつ》之害一、人《ノ》心《モ》亦《タ》皆有《リ》レ害。

A（　　　　）
B（　　　　）

● A 且《スラ》〈猶《ツ》・尚《ホ》〉B。〔而〕況《しかルヲ》C 乎《ンヤ》

読 Aすらかつ〈なほ〉B。〔しかるを〕いはんやCをや

訳 AでさえもBだ。ましてCはなおさらBだ。

● A 且《ツ》B、安《クンゾ》C 乎《セン》

読 Aすらかつ B、いづくんぞCせんや

訳 AでさえもBなのに、どうしてCしようか。いや、Cしない。

● A 猶《ホ》〈尚〉B、安《クンゾ》C乎

読 AなほB、いずくんぞCせんや

訳 AではなおBですらあるのだから、どうしてCであろうか。いや、Cではない。

■ 代表的な累加の形

● 不二唯《ダニ》A一、B《ノミナラ》

読 ただにAのみならず、B

訳 ただAだけでなく、Bだ。

● 非《ズ》二唯《ダニ》A一《ノミニ》、B

読 ただにAのみにあらず、B

訳 ただAだけでなく、Bだ。

● (1) 豈二唯《ダニ》…　(2) 何《ゾ》独《リ》…

読 (1) あにただに…のみならんや　(2) なんぞひとり…のみならんや

訳 どうしてただ…だけであろうか。いや、…だけではない。

注 「唯」は「惟・但・只・祇・徒・直・特」などでも同じ。

13 戦国策《せんごくさく》

劉向《りゅうきょう》編

月　日

解答 ⇒ 別冊15ページ

張丑為リレ質《ち》[1]二於燕[2]ニ一。燕王欲スレ殺サントレ之ヲ。走ツテ且ニレ出デントレ境ヲ。境吏得タリレ丑ヲ。丑曰ハク、①燕王所為将殺我者、人有言我有宝珠也。王欲スレ得ントレ之ヲ。今我レ已ニ亡ヘリレ之ヲ矣。而ルニ［A］不二我ヲ信ゼ一。今子且ニレ致[3]サントレ我ヲ。②我且言子之奪我珠而呑之。燕王必ズ当ニシ下殺シレ子ヲ刳《さ》キ二子ノ腹ヲ一及ブ中子之腸ニ上矣。③夫欲スレ得ルヲ之君ハ、不レ可カラ二説クニ以テスレ利ヲ。吾要《かなら》ズ且ニレ死セント、子ノ腸モ亦タ且ニ二寸絶セント一。［B］恐レテ而赦スレ之ヲ。

(1) **傍線部①の「燕王所為将殺我者、人有言我有宝珠也」の書き下し文として、最も適切なものを次から選び、記号で答えよ。**（　　）

ア 燕王の将と為りて我を殺さんとする所の者は、人の我れに宝珠を有《も》つと言ふ有ればなり

イ 燕王の将に我を殺さんとする所を為す者は、人有りて我れ宝珠を有つと言へばなり

ウ 燕王の将に我を殺さんとするを為す所の者は、人の我れ宝珠を有つと言ふ有ればなり

語注

1 質＝人質。
2 燕＝戦国時代の国名。
3 致＝送り届ける。

重要語句チェック

①**再読文字の使い方に注意**　漢文中の再読文字のうち、「**且・将・当**」の三字が使われている。このうち「且」と「将」は、読みも意味もまったく同じである。なお、「当」と同じ使い方をする再読文字に「応」がある。

②**「已」と形が似ている漢字**　漢文3行目の「已ニ」は、「**すでに**」と読む。「已」と形が似ている漢字の使い方の違いを覚えておく。

・已イ｛すでに／やむ／のみ｝　・己キコ｛おのれ／つちのと｝　・巳シ―み

③**「まタ」の意味の違い**　漢文5行目の「亦タ」と同じ読み方をする漢字を整理すると、

・**亦**タ　…も同様に・…もまた
・**又**タ　さらに・そのうえ・またもや
・**復**タ　ふたたび・かさねて
・**還**タ　ふたたび・もとにもどって

注 送り仮名の「タ」を送らないで、一字で「また」と読む場合もある。

エ　燕王の将の為に我を殺さんとする所の者は、人有りて我れに宝珠有りと言へばなり
オ　燕王の将に我を殺す為にする所の者は、人に我れも宝珠有りと言ふ有ればなり

(2)　A・Bに入れる言葉として最も適切なものをそれぞれ次から選び、記号で答えよ。　A（　　）　B（　　）

ア　張丑　イ　燕王　ウ　境吏　エ　宝珠　オ　欲　カ　且
キ　将　ク　当

(3)　傍線部②の意味として、最も適切なものを次から選び、記号で答えよ。（　　）

ア　私は我が子が私の宝珠を奪って誤って呑み込んでしまったと言うつもりだ。
イ　私は我が子に私の宝珠を奪われそうになったので、呑み込んでしまったと言うつもりだ。
ウ　私は君が私の宝珠を奪うつもりで、誤って呑み込もうとしていると言うつもりだ。
エ　私は君が私の宝珠を奪って呑み込んでしまったと言うつもりだ。
オ　私は君に私の宝珠を奪われそうになったので、呑み込んでしまったと言うつもりだ。

(4)☆　傍線部③の読み方を、送り仮名も含めて平仮名で書け。（　　）

［立命館大］

解法のポイント

(1)　書き下し文の問いに「将」があれば、再読文字であると考えて、まず間違いない。ここも「将に…んとす」という読み方に目をつけると、**イ**と**ウ**しか残らない。次に、「所為」に注目すると、「所」は返読文字であるから「為」から返って読む。これだけで答えは一つに絞られる。

(2)　Aは、下の「不ニ我ヲ信ゼ一」の主語が入る。Bは、下の「恐レテ而赦スレ之ヲ」から、「之＝張丑」を「赦ス＝解放する」のはだれの行為かを考える。

(3)　書き下し文にすると「我且に子の我が珠を奪ひて之を呑むと言はんとす」となる。「子」は「し」と読み、二人称の代名詞である。

(4)　新しい話題を言いだすときの言葉で、「そもそも」と訳す。送り仮名は「レ」である。

14 荀《じゅん》子《し》

荀子

月　日

解答 ➡ 別冊16ページ

子[1]路問《ヒテ》二於孔子《ニ》一曰《ク》[2]、魯《ノ》大夫練《シテ》[3]而牀《スルハ》、礼邪《ト》。

孔子曰《ク》、吾不《ル》レ知《ラ》也《ト》。子路出《デテ》、謂《ヒテ》二子貢《ニ》[4]一曰《ク》、①吾以《ヘラク》二夫子《ハ》一為《スト》レ無《キ》レ所レ不レ知《ラ》、A夫子徒《すなはチ》[5]有《リト》レ所レ不《ル》レ知《ラ》。子貢曰《ク》、女何《ヲ》問《ヒタルト》哉。[B] 曰《ク》、由[6]問《フ》、魯《ノ》大夫練《シテ》而牀《スルハ》、礼《ナル》邪《ト》。夫子曰《ク》、吾不《ル》レ知《ラ》也《ト》。[C] 曰《ク》、②吾将為女問之。子貢問《ヒテ》曰《ク》、練《シテ》而牀《スルハ》、礼《ナル》邪《ト》。孔子曰《ク》、非《ザル》レ礼《ニ》也《ト》。子貢出《デテ》、謂《ヒテ》二子路《ニ》一曰《ク》、女謂《ヒテ》二夫子《ヲ》一為《スカ》レ有《リト》レ所レ不《ル》レ知《ラ》乎、夫子《ハ》徒《チ》無《シ》レ所レ不《ル》レ知《ラ》、女《ノ》問《ヒ》非也。③礼《ニ》居《レバ》二是《ノ》邑[7]《ニ》一、不《レ》非《そしラ》二其《ノ》 [D] 一。

(1)☆ **二重傍線部Aの読みとして最も適切なものを次から選び、記号で答えよ。**　（　　）

ア ふうし　**イ** そのし　**ウ** かのし　**エ** ふし　**オ** ふじ

(2) **[B]・[C]へ入れる語句として最も適切なものを次の各群からそれぞれ一つずつ選び、記号で答えよ。**

B　**ア** 女　**イ** 子路　**ウ** 大夫　**エ** 夫子　**オ** 子貢

C　**ア** 女　**イ** 子路　**ウ** 大夫　**エ** 夫子　**オ** 子貢

B（　　）　C（　　）

語注

1 子路＝孔子の弟子。

2 曰＝送り仮名のつけ方として、「曰《ク》」と「曰《ハク》」がある。本書の「第1章」では「曰《ハク》」に統一しているが、入試問題を収録した「第2章」では、出題校の表記に従っている。

3 練而牀＝「練《れん》」は、三年の喪中、十三か月目の祭以後に着る絹の喪服。「牀《しょう》」は、寝台。「礼記」には、喪に服している期間は、席《むしろ》を敷いて寝、喪が完全に終了してから牀に寝る、とある。

4 子貢＝孔子の弟子。

5 徒＝これを「すなはチ」と読ませることはほとんどないといってよい。現代語訳するときは、あえて訳さなくてよい。

6 由＝子路の名。

7 邑＝むら。人の住む所の総称。ここでは魯の国。

重要語句チェック

■**「なんじ(お前)」と読む漢字**　漢文4行目の「女何《ヲ》問《ヒタルヤ》哉。」の「女」は「なんじ」と読む。ほかにも「なんじ」と読む漢字には、

・**汝**　・**若**
・**而**　・**爾**

などがある。

(3) **傍線部③「礼《ニ》居《レバ》二是《ノ》邑《ニ》一、不レ非《そしラ》二其《ノ》［D］一」は孔子が子路に「不知也」と答えた理由の箇所である。［D］へ入れる語として最も適切なものを次から選び、記号で答えよ。**　（　　）

ア 女　**イ** 子路　**ウ** 大夫　**エ** 夫子　**オ** 子貢

(4)☆ **傍線部①の解釈として最も適切なものを次から選び、記号で答えよ。**　（　　）

ア 私は先生のことがよく分からなかったのであるが、
イ 私は、先生は「知らないことは知らない」という人だと思っていたのだが、
ウ 私は、先生が何でも知っている人だとは思っていなかったが、
エ 私は、先生は何事も知らないものはない、と思っていたのだが、
オ 私の考えでは、先生は無知ということを無くそうとされているのだが、

(5)☆ **傍線部②「吾将為女問之」に、返り点をつけるとして、最も適切なものを次から選び、記号で答えよ。**　（　　）

ア 吾将レ為レ女問レ之。　**イ** 吾将二為女問レ之。　**ウ** 吾将レ為二女問レ之。
エ 吾将下為二女問一之上。　**オ** 吾将二為レ女問レ之。

(6) **本文の内容に合致するものとして最も適切なものを次から選び、記号で答えよ。**　（　　）

ア 子貢は、子路の質問に対して「私も分からない」と答えた。
イ 子路は、子貢に言われて、もう一度先生に質問をした。
ウ 子貢は、子路に「君の質問の仕方が間違っていた」と告げた。
エ 子貢は、子路に「君の質問は非礼であった」と叱った。
オ 孔子は、特に魯の大夫の礼については、発言をひかえていた。
カ 孔子は、本来、何一つ分からないことのない人であったが、魯国のことに関しては答えなかった。

［国学院大―改］

○解法のポイント

(1) 先生・賢者・長者などの敬称で、文中に孔子や孔子の弟子が出ていたら、夫子＝孔子と考えてよい。読みもよく問われるので覚えておくこと。

(2) 会話文はふつう曰《ク》「…《ト》」の形をとるが、ここでは「ト」が示されていない。曰《ク》がどこまでかかっているかを整理する必要がある。［B］は、子貢の質問に答えている。「女」と「由」は同一人物。由の質問に対し夫子の答えの内容を知って［C］の人物が再度、夫子に質問している。

(3) 「是《ノ》邑」とは、ここではどこかの国をさしている。「其《ノ》［D］」の「其《ノ》」も同じ国をさしている。

(4) 「以《テ》二A《ヲ》一為《ス》二B《ト》一」のパターンで、「AをBとする(思う)」と訳す。ここでAにあたるのが「夫子」で、Bにあたるのが「無レ所レ不レ知」である。Bは「無」と「不」の二つの否定詞で二重否定になっているから、「知らないものはない」と訳す。

(5) 「将」は再読文字で、「まさに…(んと)す」と読む。「す」の直前には動詞にあたる漢字がくるから「問」(問ふ)から「将」に返ると判断できる。

(6) 「女《ノ》問《ヒ》非也」の「女」がだれをさすか、「非」とはどういう意味で使われているか考える。

15 孟《もう》子《し》

孟子

月　日

解答 ➡ 別冊17ページ

孟[1]子曰ク、「今[2]有リ二無[3]名之指、屈シテ而不ルレ信《の》ビ。①非疾痛害事也。②如シ有ラバ二能ク信[4]バスレ之ヲ者一、則チ不ランレ遠シトセ[5]二秦・楚之路ヲモ一。a為二指之不ルガレ若カレ人ニ也。指不レバレ若カレ人ニ、則チ知ルレb悪ムコトヲレ之ヲ。心不ルハレ若カレ人ニ、則チ不レ知ラレ悪ムコトヲ。③此レ之ヲ謂レフ不トレ知ラレ類ヲ也ト。」

(1) 傍線部①「非疾痛害事也」に返り点と送り仮名をつけるとしたら、どれがよいか。最も適切なものを次から選び、記号で答えよ。（　　）

ア 非ザル二疾痛スル害事ニ一也

イ 非ザル二疾痛スル一害事也

ウ 非ザルモ二疾痛スルニ一害スルレ事ヲ也

エ 非ザル二疾痛シテ害アルニレ事ニ也

(2)☆ 傍線部②を現代語訳せよ。

（　　）

(3)☆ 二重傍線部a「為」、b「悪(ムコトヲ)」の読みを記せ。

a（　　）　b（　　ムコトヲ）

語注

1 孟子曰＝「孟子」の大部分は、当時の諸侯と孟子との問答を記したものである。したがって、「孟子曰(孟子が言う)」で始まる文章が多い。

2 今＝ここは仮定の意味で使われている。もし。仮に。

3 無名之指＝手の第四指、くすり指のこと。

4 信＝「伸」と同じ。伸びる。

5 秦・楚之路＝秦や楚の国へ行く遠い道のり。

重要語句チェック

①**「則」の読みと意味**　漢文2行目の「則」は「**すなはち**」と読み、意味は「…ならば・…すれば」となる。「AならばB」というように、前段のあとにすぐ後段が続くことを示す接続語。

「すなはち」と読む漢字には、「則」以外に

- 即(すぐに・とりもなおさず)
- 便(すぐに・たやすく)
- 乃(そこで・ところが)
- 輒(…するたびに・そのたびに)

などがある。

②**「不レ若」は比較形**　漢文3・4行目の「不レ若」は「**しかず**」と読み、「及ばない」と訳す。「Aハ

(4) **傍線部③で孟子が言おうとしていることは、どのようなことか。最も適切なものを次から選び、記号で答えよ。**　（　　）

ア 物事の良否の区別を知らない。
イ 物事の難易の区別を知らない。
ウ 物事の軽重の区別を知らない。
エ 物事の優劣の区別を知らない。

(5) **本文の内容に合致するものとして最も適切なものを次から選び、記号で答えよ。**　（　　）

ア 人間は目に見える小事にこだわって、目に見えない大事はおろそかにしがちなものである。
イ 人間は目に見える外見をつくろって、目に見えない本心は隠すものである。
ウ 人間は目に見える身体には留意しても、目に見えない精神に無頓着なものである。
エ 人間は目に見える結果は重大視しても、目に見えない原因は軽視しがちなものである。

〔明治大〕

不レ若カレBニ」の形で、「AはBに及ばない」と比較の意味を表す。Aが省略されることも多い。**「不レ如」**も同様に使われる。

○解法のポイント

(1) 「疾痛」は痛むこと。「害」は障害と同じで、さまたげる意。「事」は仕事のこと。**ア**・**イ**は日本語として意味をなしていない。**ウ**は痛くないが仕事のさまたげになる、**エ**は痛くて仕事のさまたげになるというのではない。前後の文脈からどちらが適切かを考える。

(2) 書き下し文に直すと「如し能《よ》く之《これ》を信《の》ばす者《もの》有《あ》らば」となる。「如シ」が仮定を表し、「如シ…有ラバ」と呼応している。「之」は、曲がって伸びないくすり指のことである。

(3) aの「為」は、漢文ではいろいろな意味で用いられる(34ページ下段参照)が、ここは理由を表している。bの「悪」は、送り仮名がヒントになる。「憎悪」という熟語を思い出そう。

(4) 目に見える指と目に見えない心を対比しながら、他人に及ばないことを憎むべきはどちらなのかを論じている。

(5) (4)が正しく選択できれば、おのずと答えられる。指(身体のこと)と心の対比であることを忘れないようにする。

16 郁《いく》離《り》子《し》

劉《りゅう》基《き》

月　日

解答 別冊18ページ

[1]工《こう》之《し》僑《けう》得《タリ》二良《りやう》桐《とふヲ》一焉。断《チテ》而為《つくり》レ琴《ヲ》、弦《シテ》而鼓《スルニ》レ之《ヲ》、[2]金声《シテ》而玉応《ズルガゴトシ》。自《ラ》以《テ》為《ス》二天下之《の》美《ト》一也。献《ズ》レ之《ヲ》。①[3]太常使[4]国工視之。曰《ハク》、「弗《ずト》レ古《ナラ》。」②還《ス》レ之《ヲ》。工之僑以《テ》帰《ル》。謀《リテ》二諸《これヲ》漆工《ニ》一、作《なサシメ》二[5]断紋《ヲ》一焉、又謀《リテ》二諸《ヲ》[6]篆《てん》工《こうニ》一、作《サシム》二[7]古款《ヲ》一焉。③匣《はこシテ》而埋《うづメ》二諸《ヲ》土《ニ》一、[8]期年《ニシテ》出《いだシ》レ之《ヲ》、抱《キテ》以《テ》適《ゆク》レ市《ニ》。貴人過《よぎリテ》而見《レ》之《ヲ》、易《かフルニ》レ之《ニ》以《テシ》二百金《ヲ》一、献《ズ》二諸《ヲ》朝《ニ》一。楽官伝視《シテ》、皆曰《ハク》、「希世之珍也《ト》。」工之僑聞《キ》レ之《ヲ》、④嘆《ジテ》曰《ハク》、「悲《シイ》哉、世也。豈《ニ》独《リ》一琴《ノミナラン》哉。莫《シ》レ不《ルハ》レ然《ラ》矣。而《シテ》不《レバ》二早《つとニ》図《はかラ》一レ之《ヲ》、其《レ》与《ともニ》亡《ビント》矣。」遂《ニ》去《ル》。

(1)☆ **傍線部①は、「太常国工をして之を視《み》しむ」と読む。どのように返り点をつけるのがよいか。最も適切なものを次から選び、記号で答えよ。**

ア 太常使二国工一視レ之　**イ** 太常使三国工二視レ之　**ウ** 太常使三国工二視之一

エ 太常使二国工視レ之　**オ** 太常使三国工視レ之二

（　　）

(2) **傍線部②の理由として最も適切なものを次から選び、記号で答えよ。**

ア 工之僑の作った琴の音色は、太常が求めているような古い楽曲を奏でるにはふさわしくないから。

（　　）

語注

1 工之僑＝人名。楽器を作る職人。

2 金声而玉応＝音の響きが美しいさま。

3 太常＝祭祀《さいし》・礼楽をつかさどる役所。

4 国工＝国の中で最も権威のある職人。

5 断紋＝とぎれとぎれになった模様。

6 篆工＝印鑑などに文字を彫る職人。

7 古款＝古めかしい文字。

8 期年＝一年。

重要語句チェック

①**「為」の読み方**　漢文1行目の「つくル〈作る〉」と2行目の「なス〈思う・行う〉」以外にも、

・なる〈成る〉

・をさむ〈治める・習う〉

・ために〈…のために〈理由〉〉

・たり〈…である〈断定〉〉

・る・らる〈れる・られる〈受身〉〉

などの読みと意味がある。

②**「而」を読む場合**　「而」は代表的な接続詞で、ふつうは読まない〈漢文1行目〉。ただし、文頭や読点の直後にある場合や、意味を特に強調したい場合には、漢文8行目のように読む場合がある。

イ　楽器職人としての工之僑は才能はあるが、国工と比べるとまだ熟練の域には達していなかったから。

ウ　楽器としては美しい音色であるものの、工之僑の琴はまだ年代物としての価値は認められないから。

エ　古来の正式な琴の演奏方法がわからない今となっては、工之僑の琴は全く役に立たなかったから。

オ　昔の楽器のことを知らない国工には、工之僑が作った琴の古めかしさがよくわからなかったから。

(3)　**傍線部③の解釈として最も適切なものを次から選び、記号で答えよ。**（　　）

ア　古めかしい文字を箱に刻み、それを土の中に埋めて

イ　箱の中に印鑑を入れ、それを土の中に埋めて

ウ　箱で新しい琴を作り、それを土の中に埋めて

エ　琴を箱の代わりにして、それを土の中に埋めて

オ　琴を箱の中にしまい、それを土の中に埋めて

(4)　**傍線部④の解釈として最も適切なものを次から選び、記号で答えよ。**（　　）

ア　権威を持った一握りの人間だけによって、物事の価値が決められるという誤った風潮を嘆いている。

イ　どんなにすばらしい技術を持っていても、今の世の中では自分が認められないということを嘆いている。

ウ　偽りの細工を施してしまったことで、漆工や篆工までも罪に問われるかもしれないということを嘆いている。

エ　見た目に惑わされ、物事の本質が正しく把握されない世の中であるということを嘆いている。

オ　本物の芸術が認められていたら、この国は滅亡の危機に瀕《ひん》することはなかったということを嘆いている。

［センター試験―改］

---

③**「豈ニ…ン哉」は反語形**　「あに…んや」と読み、「どうして…か。いや、…ない。」と訳す。

④**「独リ…ノミ」は限定形**　「ひとり…のみ」と読み、「ただ…だけだ」と訳す。漢文8行目の「豈独一琴《ニ　リ　ノミナラン》哉《や》」は、反語形と限定形が合わさっているので、「どうして、ただ琴の一件だけだろうか、いや、琴の一件だけではない。」と訳す(26ページの累加の形を参照)。

⑤**「莫レ不レ…」は二重否定**　漢文の8行目「莫不」は「ざるはなし…」と読み、「…ないものはない」と訳す。

○解法のポイント

(1)　読みに「AをしてB(せ)しむ」とあれば、使役形である。使役形の代表的なパターンの「使《ム》二A《ヲシテ》B《〔セ〕》一」から考える。**オ**の「視レ之二」という返り点のつけ方はなく、「視レ之」が正しい。

(2)　傍線部②は、「弗レ古《ナラ》」という理由で、琴を工之僑に返したのである。

(3)　傍線部③の「諸《これ》」は、直後の「之」と同じものをさしている。

(4)　傍線部④以下の工之僑の言葉から判断する。特に、「豈独一琴《ニ　リ　ノミナラン》哉《や》」に嘆きが強く出ている。琴だけでなく、世の中のすべてが見た目だけで価値判断されることへの嘆きである。

見た目

17 史《し》記《き》

司《し》馬《ば》遷《せん》

八[1]年、秦《しん》攻ム二宜《ぎ》[2]陽《やう》ヲ一。楚《そ》救フレ之ヲ。而シテ楚以《おもへ》ラク、周《しう》ハ為ニストレ秦ノ[4]。故ニ①将伐之。蘇[3]代為ニレ周ノ説キテ二楚王ニ一曰ク、「何ゾ以ヘルノ二周ハ為ニストレ秦ノ之禍ナル也。言フ三周之為ニスルコトレ秦ノ甚シト二於楚ヨリモ一者ハ、②欲令周入秦也。故ニ謂フ二周[5]ト秦ト一也。周知ラバ二③其ノ不ルヲレ可カラレ解ク、必ズ入ラン二于秦ニ一。此レ為《た》ル二秦ノ取ルレ周ヲ之④精一者也。為ニレ王ノ計ルニ者、周於《おい》テスルモレ秦ニ、因リテ善シトシレ之ヲ、不ルモレ於テセレ秦ニ亦言《ここ》ニ□レ之ヲ、以テ⑤疏二之於秦一。周⑥絶二於秦一、必ズ入ラント二於郢《えい》[6]ニ一矣。」

(1)☆ **傍線部①の解釈として最も適切なものを次から選び、記号で答えよ。** （　　）

ア 秦が韓を攻めようとする
イ 楚が周を攻めようとする
ウ 楚が秦を攻めようとする
エ 周が楚を攻めようとする
オ 周が韓を攻めようとする

(2) **傍線部②の訓読として最も適切なものを次から選び、記号で答えよ。** （　　）

ア しゅうにいらしむるしんをほっするなり
イ しゅうをしてしんにいらしめんとほっするなり
ウ あまねくしんにいれとれいせんとほっするなり
エ れいをほっしてしゅうのしんにいるなり
オ しゅうにれいせんとほっしてしんにいるなり

語注

1 **八年**＝周の赧《たん》王《おう》の八年（紀元前三〇七年）。
2 **宜陽**＝韓の地名。
3 **蘇代**＝戦国時代の人。国々の王に自説を説いて回っていた。
4 **周為秦**＝周もこのとき韓のために出兵したが、それは秦に加担するためである、の意。
5 **周秦**＝周と秦は一体である、の意。
6 **郢**＝楚の都。

重要語句チェック

①**「而」を読む場合**　34ページでも触れたように、「而」はふつうは読まないが、漢文の1行目のように文頭にあったり、意味を特に強調したい場合には読むことがある。順接の意味では、「しかして」「しかうして」。逆接の意味では、「しかれども」「しかるに」「しかも」と読む。

②**「おもへらく」という読み**　漢文1行目の「以」を「おもへらく」と読んでいるが、意味は「思う・考える」である。

③**「亦」の読みと意味**　漢文6行目「亦」は、「また」（「亦《タ》」と「夕」を送り仮名で表記する場合もある。）と読み、「…も同様に・…もまた」と訳す。

月　　日

解答 ➡ 別冊19ページ

(3) **傍線部③の解釈として最も適切なものを次から選び、記号で答えよ。** (　　)

ア 周と秦との関係について楚の疑いを解くことができないと知れば
イ 秦の勢力下に入ることについて楚の理解を得られないことを知れば
ウ なぜ人々が周秦と言いふらしているかその真相を理解できないと知れば
エ 楚を攻めることについて周と秦が互いの理解を得られないことを知ると
オ 周と秦とが離ればなれになることができないことを知ると

(4) **傍線部④の意味として最も適切なものを次から選び、記号で答えよ。** (　　)

ア 精密な論理　**イ** 精妙な計略　**ウ** 情報の精度
エ 不屈の精神　**オ** 話術の精髄

(5) **□に補う語として最も適切なものを次から選び、記号で答えよ。** (　　)

ア 為　**イ** 計　**ウ** 取　**エ** 説　**オ** 善

(6) **傍線部⑤の解釈として最も適切なものを次から選び、記号で答えよ。** (　　)

ア 周を秦の領土から撤退させなさい
イ 周を秦と意思が疎通するようにしなさい
ウ 周を秦から分離して独立させなさい
エ 周を秦と疎遠になるようにしなさい
オ 周のことを秦によく説明しなさい

(7) **傍線部⑥と同じ意味で使われている「絶」を含む熟語を次から選び、記号で答えよ。** (　　)

ア 絶縁　**イ** 絶滅　**ウ** 絶無　**エ** 隔絶　**オ** 超絶

〔立教大〕

○解法のポイント

(1) 訓点をつけると「将ニレ伐タントレ之ヲ」となり、「将」は再読文字である。「之」がどこの国をさすかを慎重に判断する。この前の状況は、秦が韓の宜陽を攻めた。そこで楚が韓を救援した。周も韓のために出兵したが、それは秦に加担するためであると楚は思い、「之」を攻めようとしたのである。

(2) 「令」は「使」と同じ使役形で、「令ム二AヲシテB〔セ〕一」のパターンになる。Aにあたるのが「周」、Bにあたるのが「入レ秦」である。最初の「欲」は、「令」の次に読む。返り点をつけると「欲レ令二周 入レ秦 也」となる。選択肢の中で「令」を使役形に読んでいるのは二つしかない。

(3) 直前の「周秦」は、語注にもあるとおり、周と秦は一体であるということ。これを踏まえて周は、傍線部③のように考えて、秦の配下に入るだろうと続いている。ここは蘇代の言葉である。

(4) 「此レ為《たル》二…者 也」は、これは秦が周を手に入れるための「精」であると訳せる。この「精」にあてはまるものを選ぶ。**イ**の「精妙」とは、すぐれてたくみなこと。**オ**の「精髄」とは、物事の本質。

(5) 秦に親しまなくてもよいと言っている。

(6) 「之を秦に疏《うと》くせよ」と読む。「疏」は「疎」と同じ。

(7) 「周 秦と絶たば」と読む。

18 孔子《こうし》家語《けご》

王肅《おうしゅく》(の偽作)

孔子侍二坐ス於哀公ニ一。①賜之桃与黍[1]焉。哀公曰ク「請フ食ハンコトヲ。」孔子先ヅ食ヒレ黍ヲ、而《しか》ル後《のち》ニ食フレ桃ヲ。左右皆掩《おほ》ヒテレ口ヲ而笑フ。公曰ク「②黍者所以雪[2]桃。非ザルレ為ニレ食フレ之ヲ也ト。」孔子対ヘテ曰ク「丘[3]知レリレ之ヲ矣。然レドモ夫《か》ノ黍者《は》五穀之長ナリ。郊[4]礼・宗廟ニハ以テ為《な》ス二上[5]盛ト一。菓ノ属ニ有リテレ六、而桃ヲ為《な》スレ下ト。祭祀ニ不レ用ヰ、不レ登ゼ二郊[6]廟ニ一。丘聞クレ之ヲ、君子ハ以テレ賤ヲ雪フトレ貴ヲ。不レ聞カ二以テレ貴ヲ雪フヲ一レ賤ヲ。今以テ二五穀之長ヲ一雪フハ二菓之下ナル者ヲ一、是レ従リレ上雪フナリレ下ヲ。③臣以為ヘラク妨ゲアリ二於教ニ一、害アリト二於義ニ一。④故不敢。」公曰ク「善キ哉《かな》ト。」

(1)☆ **傍線部①「賜之桃与黍焉」の書き下し文として最も適切なものを次から選び、記号で答えよ。**（　　）

ア これにたうとしよとをたまふ
イ たまふのたうとしよなり
ウ これにたうとしよをたまふ
エ たまふはこのたうとしよとなり
オ これにたまふにたうとしよをもつてす

語注

1 黍＝穀物の名。きび。
2 雪＝古注に「拭」の意とある。したがって、「ぬぐフ」と読み、ぬぐう・ふきとるの意。
3 丘＝孔子の名。
4 郊礼＝郊外で天地の神をまつる儀式。
5 上盛＝最上の供物。
6 郊廟＝天地をまつる儀式と祖先をまつる儀式。

重要語句チェック

①**「以為《ヘラク》」の読み方と意味**　「為」に「ヘラク」という送り仮名がついていたら、「以為」で
・読み＝おもへらく
・意味＝思うことには・…と思う
なお、**「以謂《ヘラク》」**も「以為《ヘラク》」と同じ読みと意味になる。

②**感嘆を表す「哉」**　漢文9行目のように「哉」が文末にあって感嘆を表すときは、「**かな**」と読む。ほかに「**矣・乎・夫・与・乎哉**」などがある。いずれも「…だなあ」と訳す。

月　日

解答 別冊20ページ

(2)　傍線部②「黍者所以雪桃」は「しよはたうをぬぐふゆゑんなり。」と読む。これに従って原文に返り点をつけよ。(送り仮名は不要)

黍　者　所　以　雪　桃

(3)　傍線部③はここでは何を指すか。文中から抜き出して答えよ。(　　　)

(4)　傍線部④の解釈として最も適切なものを次から選び、記号で答えよ。(　　　)

ア　だからそうしないことがありましょうか
イ　だからそうしようとは思いません
ウ　そういうことをわざわざすることはありません
エ　いつもそういうことはしません
オ　わざとそういうことをするでしょうか

(5)　この漢文は何について述べたものか。最も適切なものを次から選び、記号で答えよ。(　　　)

ア　霊魂　**イ**　衛生　**ウ**　秩序　**エ**　浪費　**オ**　善意

[中央大]

○解法のポイント

(1)　ここの「与」は、「Aト与《と》レB」の形で「AとBと」と読む。Aにあたるのが「桃」で、Bにあたるのが「黍」である。これだけで選択肢は2つに絞られる。

(2)　「雪」は「語注」にもあるとおり、ここでは「ぬぐふ」という特殊な読み方をしていることに注意する。「所以」は「ゆゑん」と読み、原因・理由・方法・手段などを表す。「なり」の読み方は漢文にないので送り仮名になる。

(3)　「臣」は、君主に対して家来が、自分のことをけんそんして言うときに使う言葉である。ここは、孔子が哀公に向かって言っている場面で、孔子が哀公の前に控えている会話文の中に「臣」が使われている。

(4)　傍線部④に訓点をつけると「故ニ不レ敢ヘテセ」となり、「故《ゆえ》に敢《あ》へてせず」と読む。「不レ敢」で強い否定を表している。

(5)　漢文の最後から2行目の「是従レ上雪レ下」「妨二於教一、害二於義一」から判断できる。

19 貞《じょう》観《がん》政《せい》要《よう》

呉《ご》兢《きょう》

月　日

解答 ➡ 別冊21ページ

[1]太《たい》宗《そう》ニ有リ二一駿馬一、特ニ愛シレ之ヲ、恒ニ於テ二宮中ニ一養飼ス。無クシテレ病而暴《にはか》ニ死ス。①太宗怒養馬宮人、将ニレ殺サントレ之ヲ。皇后諫メテ曰ク、「昔、斉ノ[2]景公、以テ二馬ノ死スルヲ一殺サントスレ人ヲ。[3]晏子請ヒテレ[4]数セメンコトヲ二其ノ罪ヲ一云フ、『汝養ヒテレ馬ヲ而死セリ。汝ガ罪ノ一也。使[a]ニ二公以レ馬殺レ人。百姓聞カバレ之ヲ、②必ズ怨ミン二吾ガ君ヲ一。汝ガ罪ノ二也。諸侯聞カバレ之ヲ、必ズ軽ンゼン二吾ガ国ヲ一。汝ガ罪ノ三也ト。』③公乃チ釈セリレ罪ヲ。陛下嘗[b]読ミテレ書ヲ見タリ二此ノ事ヲ一。④豈ニ忘レシヲレ之ヲ邪ト。」太宗意《い》乃チ解ク。

(1)☆ **二重傍線部a・bの読みとして、最も適切なものを次からそれぞれ選び、記号で答えよ。**

ア つかう　**イ** かつて　**ウ** なむ　**エ** まさに　**オ** しむ

カ すでに　**キ** すなわち

a（　　）　b（　　）

(2) **傍線部①「太宗怒養馬宮人」に、返り点をつけるとしたら、どれがよいか。最も適切なものを次から選び、記号で答えよ。**（　　）

ア 太宗怒レ養レ馬宮レ人

イ 太宗怒二養レ馬宮人一

語注

1 太宗＝唐王朝の天子。

2 景公＝春秋時代の斉国の君子。

3 晏子＝景公に仕えた大臣。

4 数＝罪状を数え上げて、非難する。

重要語句チェック

①再読文字「将」の読みと意味　上段2行目の「将」はこれまでに何度も出てきたように、代表的な再読文字だから、読みと意味は必ず覚える。

・読み＝まさに…(んと)す

・意味 ｛これから…しようとする／いまにも…しようとする｝

なお、「且」も再読文字として同じように用いられるので、セットで覚えておく。

②「百姓」の読みと意味　日本語で「百姓」とあれば、「ひゃくしょう」と読み、「農民」と訳すのがふつうである。ところが、漢文5行目のように漢文に出てきた場合は、

・読み＝ひゃくせい

・意味＝多くの人民・民衆。

となることに注意する。

③「乃《チ》」の読みと意味　「すなはち」と読む漢字は多いので、意味も含め、まとめて覚える。

ウ 太宗怒レ養二馬宮人一
エ 太宗怒下養二馬宮一人上

(3) **傍線部②「必怨吾君」の「吾君」は、文中の誰を指しているか。最も適切なものを次から選び、記号で答えよ。**（　　）
ア 太宗　**イ** 宮人　**ウ** 皇后　**エ** 景公

(4) **傍線部③「公乃釈罪」の「釈」と同じ意味の熟語を次から選び、記号で答えよ。**（　　）
ア 釈放　**イ** 解釈　**ウ** 釈明　**エ** 会釈

(5) **傍線部④を現代語訳せよ。**
（　　　　　　　　　　　　）

(6) **漢文の内容に合致するものとして最も適切なものを次から選び、記号で答えよ。**（　　）
ア 太宗の方が、皇后よりも名馬を大切にしていた。
イ 太宗と皇后は、常に相談しながら、政治を行った。
ウ 太宗は、臣下よりも名馬を大切にして、人々から怨まれた。
エ 太宗は、天子としての自覚を促す皇后のいさめを受け入れた。

［明治大］

・すなはち
- 乃―そこで・ところが
- 則―…ならば・…すれば
- 即―すぐに／とりもなおさず
- 便―すぐに・たやすく
- 輒―…するたびに／そのたびに

○解法のポイント

(1) aは、「使《ム》二A《ヲシテ》B《(セ)》一」のパターンで出てくる使役形で、漢文では頻出語。bは、「以前に」という副詞のはたらきをする語で、これも頻出語。a・bとも選択肢がなくても答えられるようにしておきたい。

(2) 太宗が持っていたすぐれた馬が突然死したため、傍線部①と続く。漢文は主語の直後に述語が来ることを思い出すと、「太宗が怒った↓馬を養う役人を」という順で読むという見当がつく。これだけで選択肢の**ア**・**ウ**が消える。

(3) 傍線部②は、景公に仕えた大臣の晏子の言葉の一部であることをまずおさえる。選択肢の**ア**～**ウ**と**エ**とでは生きていた時代が違う。

(4) 「釈《セリ》」は、「ゆるせり」と読む。罪をゆるしたのだから、選択肢を絞ることができる。

(5) 「豈《あニ》…邪《や》」は反語形の代表パターンである。ところが、傍線部④の送り仮名を見ると、「豈に之を忘れしか」（「し」は過去の助動詞「き」の連体形）と読み、反語形の特徴である「ん・んや」の送り仮名がないので、ここは疑問形として訳す。

20 十八史略《じゅうはっしりゃく》

曽先之《そうせんし》

解答 別冊23ページ

月　日

繆《ぼく》[1]公《こう》送リテ二晋ノ恵公ヲ一帰スレ晋ニ。已ニシテ而倍《そむ》キレ秦ニ、合二戦ス于韓ニ一。繆公為ル二晋軍ノ所トレ囲ム。①[2]岐下有嘗食公馬者三百人。馳セテ冒《をか》ス二晋軍ヲ一。晋解クレ囲ミヲ。遂ニ脱シテ二繆公ヲ一以テ反《かへ》ル。先レ是ヨリ繆公亡《うしな》フ二善馬ヲ一。野人共ニ得テ而食《くら》フレ之ヲ。[3]吏《り》逐《お》ヒ得テ、欲スレ法ニセントレ之ヲ。公曰ハク、食《くら》ウテ二善馬ヲ一不ンバレ飲マレ酒ヲ傷《やぶ》ルトレ人ヲ。［　］レ酒ヲ而赦《ゆる》セリレ之ヲ。至リテレ是《ここ》ニ聞キ二秦撃ツトレ晋ヲ、皆願ヒレ従ハンコトヲ、②推レ鋒争レ死以テ報ユレ徳ニ。

(1) **傍線部①は「岐下《きか》に嘗て公の馬を食《くら》ふ者三百人有り」と訓読する。返り点を正確につけよ。**

岐 下 有 嘗 食 公 馬 者 三 百 人

語注

1 **繆公**＝春秋時代の秦の第九代の王。

2 **岐下**＝岐山のふもと。

3 **吏**＝役人。

重要語句チェック

①**「已」と形が似ている漢字**　漢文1行目の「已」は、「而」とともに用い、「すでにして」と読む。意味は「やがて・ほどなく」となる。形が似ている漢字があるので、読み間違えないように注意する。

・已　すでに／やむ／のみ　　・己《キコ》　おのれ／つちのと　　・巳《シ》―み

②**「為ル二A ノ所トレB スル」は受身形**　漢文2行目の「為ル二晋軍ノ所トレ囲ム」がこの形にあたる。現代語訳は「AにBされる」となる。

③**形が似ている「遂」と「逐」の違い**　漢文3行目の「遂」と4行目の「逐」は、次のような違いがある。

・遂ニ　読み＝ついに／意味＝とうとう。

・逐フ　読み＝おふ／意味＝追う。あとをつける。

なお、「遂」と同じ読み方と訳し方をする漢

(2) □に補う漢字として最も適切なものを次から選び、記号で答えよ。

ア 売　**イ** 買　**ウ** 賜　**エ** 献　**オ** 醸　（　）

(3) **傍線部②の意味として最も適切なものを次から選び、記号で答えよ。**（　）

ア 山の頂をめざして進軍し、立ち往生して

イ 敵に襲われ、次々に死んで

ウ 先を争って敵に投降し、死を免れようとして

エ 砦にたてこもり、次々に自害して

オ 敵の矛先を押しのけ、我先にと死を覚悟して

(4) **この漢文で、繆公と野人の過去のいきさつについて触れている箇所を探し、はじめとおわりの漢字をそれぞれ二字ずつ抜き出して答えよ。**

はじめ □□ ～おわり □□

(5) **この漢文は、公の何を称賛するものか。文中の漢字一字で答えよ。**

［中京大―改］ □

字として、次のようなものがある。

・ついニ＝終ニ・卒ニ・竟ニ

○解法のポイント

(1) 一二点を挟んで下から上へ返るときは、上下点を用いる。ここでは「三百人有り」のところで上下点が必要になる。

書き下し文に従って読む順をつけると、

①岐下ニ ⑥有リ ②嘗テ ④食フ ③公ノ馬ヲ ⑤者三百人。

となる。書き下し文のひらがなは、それぞれ送り仮名となる。下の字に続く場合は返り点は不要であるから、①・②に返り点はつかない。次に、③から④へは、下から上に返るから返り点が必要になる。「公」を挟んで④へ返るので、「馬」から「食」へは一二点をつける。⑤と⑥の間には一二点が使われているから上下点が必要になる。

(2) 空欄の直前で「善馬」を食べて酒を飲まないのは、「傷《やぶル》レ人ヲ(＝体をこわす)」と「公」が思い、「野人」に酒を飲ませている。「公」と「野人」の身分の違いにも注意して漢字を選ぶ。

(3) 「鋒《ほう》を推《お》して死を争ひ」と読む。「鋒」は、ほこさきのことである。

(4) 繆公と野人との過去の経緯を読み取る。

(5) 繆公の「善馬」を「野人」が食べてしまった。それを知った繆公が彼らに酒を与え、罪を許した。そのときの「野人」たちが繆公のピンチを救ったのである。

21 三国志《さんごくし》

陳寿《ちんじゅ》

太祖①少機[1]警ニシテ、有ルモ権[2]数、而任侠放蕩シテ、不治メ行業ヲ、故ニ②世人未之奇也。③惟梁[3]国ノ橋玄、南[4]陽ノ何《か》顒《ぎょう》a異トス焉[5]ヲ。玄謂ヒテ太祖ニ曰ク「④天下将乱、⑤非レバ命世之才ニ、不ル能ハ済フ也。能ク安ンズル之ヲ者は、其レ在ラン⑥君ニ乎ト。」光[6]和ノ末、黄[7]巾起ル。拝セラレ騎[8]都尉ニ、討ツ[9]潁《えい》川《せん》ノ賊ヲ。遷リテ為ル済[10]南ノ相ト。国ニ有リ十余県、長[11]吏多ク阿[12]附シ貴[13]戚ニ、[14]贓《ぞう》汚《お》狼藉シ、⑦於是奏シテ免ジ其ノ八ヲ、禁断スレバ淫[15]祀ヲ、[16]姦《かん》宄《き》[17]逃《とう》竄《ざん》シ、郡界粛然タリ。

(1) **傍線部①の意味として最も適切なものを次から選び、記号で答えよ。** (　　)

ア 財産が少ない。　**イ** 身長が低い。　**ウ** 若い。
エ 機警が少ない。　**オ** 能力が乏しい。

(2)★ **傍線部②「世人未之奇也」を書き下し文に改めよ。**

(　　)

(3) **波線部aの意味として最も適切なものを次から選び、記号で答えよ。** (　　)

ア 性格がわかっている。　**イ** 容貌が怪異である。
ウ 奇矯な行動をする。　**エ** 魔術を使うことが出来る。
オ 特別な才能がある。

語注

1 **機警**＝物事を洞察するのに優れていること。
2 **権数**＝臨機応変に策謀をめぐらすこと。
3 **梁国橋玄**＝梁国は地名、橋玄は人名。
4 **南陽何顒**＝南陽は地名、何顒は人名。
5 **焉**＝傍線部②の「之」と同じ。代名詞。
6 **光和**＝後漢の霊帝の年号(一七八～一八四)。
7 **黄巾**＝太平道という宗教を理念とする農民反乱軍。
8 **騎都尉**＝官職名。
9 **潁川**＝地名。
10 **済南相**＝済南は王国の名、相は中央政府から派遣される官吏で、王国の行政を実質的に管轄する。また済南王国は行政組織上も一般的にも、郡と同じレベルのものとして扱われた。
11 **長吏**＝幹部役人。
12 **阿附**＝迎合する。機嫌をとって人の言いなりになること。
13 **貴戚**＝高貴な身分の親戚。ここは、済南王国の親戚のこと。
14 **贓汚**＝わいろを取るきたない行為。
15 **淫祀**＝いかがわしい神をまつること。
16 **姦宄**＝道理にはずれている悪者。
17 **逃竄**＝逃げ隠れすること。

月　日

解答 ➡ 別冊23ページ

(4)☆ **傍線部③の読みとして最も適切なものを次から選び、記号で答えよ。**（　　）

ア おもう　**イ** ただ　**ウ** これ　**エ** および　**オ** 承諾の返事「はい」

(5)☆ **傍線部④の読み(A)と、意味(B)の組み合わせとして最も適切なものを次から選び、記号で答えよ。**（　　）

ア A天下の将　乱す。　B天下の武将たちが反乱を起こした。

イ A天下の将　乱る。　B天下の武将たちが乱れた生活をしている。

ウ A天下　将に乱る。　B天下は本当に乱れきっている。

エ A天下　将に乱れんとす。　B天下はいまにも混乱に陥りそうな情勢である。

オ A天下　将に乱れんとす。　B天下は本当に乱れきっている。

(6)☆ **傍線部⑤の意味として最も適切なものを次から選び、記号で答えよ。**（　　）

ア よほど優れた能力を持つ者でなければ、この混乱から国を救うことは出来ない。

イ 優れた能力を持つ者でなければ、この混乱から国を救うことは出来ないというわけではない。

ウ 優れた能力を持つ者がこの仕事を行わなければならない。

エ (天下の将軍たちは)能力が劣っているので、この混乱から国を救うことは出来ない。

オ (天下の将軍たちは)能力が劣っている訳ではないので、この混乱から国を救うことは出来ないはずはない。

(7) **傍線部⑥「君」とはだれか。最も適切なものを次から選び、記号で答えよ。**（　　）

ア 太祖　**イ** 橋玄　**ウ** 何顒

(8)☆ **傍線部⑦の意味として最も適切なものを次から選び、記号で答えよ。**（　　）

ア 光和年間に　**イ** 黄巾の乱に対して　**ウ** 潁川で

エ 済南で　**オ** 以上のような状況を承けて

［愛知大―改］

○解法のポイント

(1) 「少」には、「数がすくない・すくなくなる・しばらく・若い」などの意味がある。

(2) 「未」は、「いまだ…ず」と読む再読文字であることに気づく。「之」は太祖をさす。「奇」は、非凡であるという意味で、「奇とす」と読む。

(3) 傍線部②に続いて、橋玄と何顒だけは太祖を「異(＝ずば抜けている)」と考えていたのである。

(4) 「惟」は、「唯・但・只・徒」などと同様に限定を表す。下に「…ノミ」とあることが多いが、なくても「惟」の読み方に変わりはない。

(5) 「将」が再読文字であることに気づけば、選択肢は二つに絞られる。読みと意味をセットで覚えておくこと。

(6) 「命世《めいせい》」とは、その時代で名高い(優れている)こと。「済」は、「すくふ」と読む。否定形の「非」には「れば」という仮定を示す送り仮名がついていることに注意する。

(7) 橋玄が太祖に向かって言っている会話の中に「君」が含まれている。

(8) 送り仮名は「於《テ》レ是《ニ》」となり、「ここにおいて」と読む。「そこで・そのときに」と訳す。

22 呂氏春秋《りょししゅんじゅう》

呂不韋《りょふい》

月　日

解答 別冊25ページ

荊《けい》[1]人与㆓呉人㆒将ニ㆑戦(a)。荊ノ師ハ寡ナク、呉ノ師ハ衆シ。荊ノ将軍子《し》嚢《なう》曰ハク、「我与㆓呉[1]人㆒戦ハバ、必ズ敗レン。敗リ㆓王ノ師[2]ヲ㆒、辱《はづかし》メ㆓王ノ名ヲ㆒、虧《か》クハ㆓壌[3]土ヲ㆒、忠臣不ル㆑忍ビ為(b)也。」ト不(c)㆑復《まう》サ㆓於王ニ㆒而遁《のが》ル。至リ㆓於郊[4]ニ㆒、使メテ㆔人ヲシテ復《まう》サ㆓於王ニ㆒曰ハク、「①臣請フ死セント。」王曰ハク、「将軍之遁レタル也《や》、②以テ㆓其ノ為《た》ルヲ㆒㆑利也。今[5]誠ニ利アレバ、将軍何ゾ死セント。」子嚢曰ハク、「遁レシ者ニ無(d)㆑罪、則チ後世之為《た》ル㆓王ノ臣㆒者、③将皆依不利之名而効臣遁。若クンバ㆑是ノ則チ荊国ハ終(e)為ニ㆓天下ノ撓《よわ》メラレント㆒。」④遂ニ伏シテ㆑剣ニ而死ス。王曰ハク、「請フ⑤成サント㆓将軍ノ義ヲ㆒。」乃チ為ニ㆑之ガ桐[6]棺三寸、加フ㆓斧《ふ》[7]鑕《しつ》ヲ其ノ上ニ㆒。

(1)☆ 波線部a〜eの読みを、文脈に即した送り仮名とともに平仮名で記せ。現代仮名遣いでもよい。例「将軍之遁也」のがれたる

a（　　）　b（　　）　c（　　）

d（　　）　e（　　）

(2) 傍線部①「臣請死」とあるが、子嚢が自ら死を申し出たのはなぜか。その理由を記せ。

（　　　　）

語注

1 荊・呉＝ともに春秋時代の国名。
2 師＝軍隊。
3 壌土＝領土。
4 郊＝国都の郊外。
5 今＝もし。仮に。仮定を表す。
6 桐棺三寸＝粗末なひつぎ。
7 斧鑕＝処刑に用いる道具。

重要語句チェック

①「荊人《けいひと》・呉人《ごひと》」という読み方　その国の人を表す場合、「けいひと・ごひと」のように、国名に「ひと」をつけて読む習慣がある。入試でもこの読み方が問われることがある。

②「与」の読み　漢文1行目の「与」は「と」と読む。この読み方以外にも「与」には、

・あたふ(与える)　・くみす(味方になる)
・あづかる(関係する・参加する)
・ともに(ともに・いっしょに)
・よりは(選択の形)　・かな(感嘆の形)
・か・や(疑問・反語の形)　などがある。

③「使ム㆓AヲシテB(セ)㆒」は使役の代表パターン　漢文4行目の「使メテ㆔人ヲシテ復《まう》サ㆓於王ニ㆒」がこの形にあたる。現代語訳の「AにBさせる」もあわせて覚えておこう。

(3) **傍線部②「以二其為レ利也」とあるが、ここで述べられている「利」とは何か。その内容を記せ。**

（　　　　　　　　　　　　　　　）

(4)☆ **傍線部③「将皆依不利之名而効臣遁」の書き下し文は、「将に皆不利の名に依りて臣の遁れたるに効《なら》はんとす。」である。これに従って、白文に返り点をつけよ。**

将 皆 依 不 利 之 名 而 効 臣 遁

(5) **傍線部④で、王が罪を許そうとしたにも関わらず、子嚢が自ら命を絶ったのはなぜか。四十字以内で子嚢の目的を説明せよ。**

(6) **傍線部⑤で、将軍の「義」とは、どのようなものか。最も適切なものを次から選び、記号で答えよ。**（　　）

ア 責任上、王の温情を拒否して、自ら命を絶った、将軍としての潔癖な行為。
イ 軍の利益のため、自分の命を絶って、逃走の責任を果たした、誠実な行為。
ウ 不利である場合、責任を取るならば、柔軟に判断して構わないとする行為。
エ 結果に関わらず、無断で撤退した者は死罪になることを示そうとした行為。
オ 利益があっても、勝手に退却した者は、自分で命を絶つべきだとする行為。

〔二松学舎大—改〕

---

④「何《ソ》…ン」は反語形　漢文5行目の「何《ソ》死《セント》」がこの形にあたる。疑問形とは、
反語形＝何《ソ》…ん・んや
疑問形＝何《ソ》…か・や・連体形
と文末の違いで識別できる。

⑤**複合語「若レ是」**「かくのごとし」と読み、「このようである」と訳す。これと同じ複合語に**・若レ此　・如レ此　・如レ是**があり、読みも訳も「若レ是」と同じになる。なお、漢文7行目は「若クンバ」と送り仮名がついているので、「このようであれば」と仮定になる。

○解法のポイント

(1) aの直前の「将」は再読文字。bは「忠臣として行うことに耐えられない」と言っている。cは、「不→而→遁」の順に続く。「而」はふつう読まないが、接続詞のはたらきをしているので直前の文字(不)に「…テ」と送り仮名をつける。dは仮定を表す送り仮名をつける。eは「とうとう」の意を表す副詞として読む。

(2) 直前の「不レ復二於王一而遁」に理由が示されている。

(3) 呉軍と戦えば「我与呉…虧」とあるので、これを避けたことが「利」になる。

(4) 「将」が再読文字のため、二度目に読むときは「効」から返るので、上中下点が必要になる。

(5) 漢文6行目の子嚢の言葉に理由が述べられている。

(6) 「不レ復二於王一而遁」の行為が死に値すると考えている。

23 老《ろう》子《し》

老子

天[1]之道ハ、其猶張弓与。高キ者ハ抑ヘレ之ヲ、下《ひく》キ[2]者ハ挙ゲレ之ヲ、有ルレ余リ者ハ損[3]ジレ之ヲ、不ルレ足ラ者ハ補フレ之ヲ。天之道ハ、損ジテレ有ルヲレ余リ而補フレ不ルヲレ足ラ。人之道ハ則チ不レ然ラ。損ジテレ不ルヲレ足ラ以テ奉ズレ有ルニレ余リ。孰カ能ク有リテレ余リ以テ奉ゼン二天下ニ一。唯有道者。是ヲ以テ、聖人ハ為スモ而不レ恃、功成而不レ処。其[4]レ不レ欲セレ見《あら》ハスヲレ賢ヲ。

(1)☆ **傍線部①の書き下し文として最も適切なものを次から選び、記号で答えよ。** （　　）

ア それなほはれるゆみとすべし。
イ それただゆみをはるとせむ。
ウ それなほゆみをはるがごときか。
エ それなほゆみとはるのごとくや。
オ それまたゆみをはれるにおなじか。

(2)☆ **傍線部②の読みとして最も適切なものを次から選び、記号で答えよ。** （　　）

ア いづれ　**イ** たれ　**ウ** なに　**エ** もし　**オ** いづく

(3) **傍線部③と同じ意味の漢字を次から選び、記号で答えよ。** （　　）

ア 楽　**イ** 嘱　**ウ** 待　**エ** 賜　**オ** 頼

語注

1 天之道＝自然の原理。これと対比されているのが波線部ａの「人之道」である。
2 下＝「低」と同じ。低いところ。
3 損＝少なくする。減らす。
4 其＝傍線部①の「其」と同様、代名詞の用法。ここでは「彼」を指し、前述の「聖人」を指す。

天之道

重要語句チェック

■複合語「是以」の読みと意味同じような漢字二字を組み合わせた次の複合語の違い(読み方と意味)は覚えておく必要がある。

- **是ヲ以テ**　読み＝ここをもって／意味＝そういうわけで
- **以テ是ヲ**　読み＝これをもって／意味＝このことによって
- **於テレ是ニ**　読み＝ここにおいて／意味＝そこで・そのときに

月　日

解答 ➡ 別冊26ページ

(4) **傍線部④の解釈として最も適切なものを次から選び、記号で答えよ。**（　　）

ア 立派な成果が上がっても、その栄光に居すわったりしない。

イ たとえ成果を上げたとしても、それを驕《おご》りたかぶったりしない。

ウ 成果を上げようと努力しても、成功するとはかぎらない。

エ 成功をおさめたとしても、それはずっと長続きはしない。

オ 成功を目指したとしても、それは何も立派なことではない。

(5) **この漢文のテーマとして最も適切なものを次から選び、記号で答えよ。**（　　）

ア 現実の人間世界を離れ、自然の中で暮らせ。

イ 人の世の不公平に気づき、これを是正せよ。

ウ 聖人賢者が自然の中に生きたことを知れ。

エ 人の世に不満を持つより、自然のあり方に学べ。

オ 自然のあり方をよく見て、人の生き方を反省せよ。

(6) **波線部aについて、「人之道」はどうであると述べているか。漢文に沿って、三十字以上五十字以内（句読点を含む）で説明せよ。**

(7)☆ **波線部bを、すべて平仮名で書き下せ（現代仮名遣いでよい）。**

（　　　　　　　　　　　　）

［清泉女子大］

○ 解法のポイント

(1) 「猶」は再読文字で「なほ…(の)ごとし」と読むことさえ知っていたら、選択肢は二つにしぼられる。「与」は「か・や・かな」と読んで、疑問・反語・詠嘆などを表すが、ここは詠嘆の意味で使われている。

(2) 「孰」は送り仮名「カ」があれば疑問詞で、「たれか(だれが…か)」か「いづれか(どちらが…か)」と読む。どちらになるかは、文の前後から判断する。

(3) 送り仮名を補うと「恃《マ》」になる。なじみのない字なので、問いとしては難しいといえる。

(4) 送り仮名を補うと「功成《レドモ》而不レ処《ラ》」となる。「処」は「おる」と読み、「居」と同じ意味である。

(5) 「天之道」と「人之道」を比較対照しながら述べ、「人之道」の矛盾点をあげている。

(6) 波線部a以下の「損レ不レ足以奉レ有レ余」に集約されている。(5)の内容もあわせて考える。

(7) 「唯」は限定の形で「ただ…のみ」と「のみ」を補って読む。「惟・但・只・祇・徒・直・特」なども同じように読む。「有道者」は熟語のように続けて音《おん》読みするとよい。「すべて平仮名」という設問の条件を忘れないこと。

24 韓《かん》非《ぴ》子《し》

韓非

以テレ法ヲ治ムルハレ国ヲ、挙[1]措而《の》‐已《み》矣。法ハ不レ阿《おもね》ラレ貴ニ、縄[2]ハ不レ撓《たわ》マレ曲ニ。①法之所加、智者モ②弗レ能ハレ辞スル、勇者モ弗二敢ヘテ争一ハ。刑スルニレ過チヲ不レ避ケ二大臣ヲ一、賞スルニレ善ヲ不レ遺サ二匹[3]夫ヲ一。故ニ③矯メ二上之失ヲ一、詰《とが》メ二下之邪ヲ一、治メレ乱ヲ決シレ繆[4]ヲ、絀《しりぞ》ケレ羨[5]ヲ斉《ただ》シレ非ヲ、④一民之軌、⑤莫如法。刑重クバ則チ不二敢ヘテ以テレ貴ヲ易《かろ》ンゼレ賤ヲ、法審《つまび》ラカナラバ則チ上尊而不レ侵サレ。上尊而不バレ侵則チ⑥主強ク而守リ要[6]《つづまや》カナラム。故《ゆゑ》ニ先王ハ貴ビレ之ヲ而シテ伝フレ之ヲ。人主釈《す》テテレ法ヲ用ヒレバ私ヲ、則チ上《しょう》下《か》不《ざら》ムレ別《わか》タレ矣。

(1)☆ 傍線部②・③の読み方を、平仮名の現代仮名遣いで記せ。

②（　　　）

③（　　　メ）

(2) 傍線部①・⑤を現代語訳せよ。

①（　　　）

⑤（　　　）

語注

1 **挙措**＝掲示することと撤去すること。

2 **縄**＝墨縄《すみなわ》。糸で黒い線を引く工具。

3 **匹夫**＝身分の低い男。上の「大臣」と比べている。

4 **繆**＝もつれた所。「びう」と読む。

5 **羨**＝出しゃばり。

6 **要**＝要領を得て簡略な様子。

重要語句チェック

■ **「而‐已矣」の用法**　漢文1行目の「而‐已矣」は、「のみ」と読む限定の助字である。ほかにも、

・已　・耳　・爾　・而已

などの限定形がある。なお、漢文中の「而‐已矣」は「而已矣」とハイフンがなくても「のみ」と読み用法は同じである。

解法のポイント

(1) 傍線部②の「弗」は文中でも使われている「不」と同じである。傍線部③の「矯」は常用漢字の範囲内であるから読めなくてはいけない。曲がったものをまっすぐにしたり、悪いものを正したりするときに使う。

月　日

解答 別冊27ページ

(3) **傍線部④の説明として最も適切なものを次から選び、記号で答えよ。** （　　）

ア 他の民族を排除する。
イ 民の守るべき道を一つにする。
ウ 民の心を統一する。
エ 他の民族を統合する。

(4) **傍線部⑥が成り立つための条件は何か、その内容を記せ。**
（　　　　　　　　）

(5) **本文の内容に合致するものを次から二つ選び、記号で答えよ。** （　　・　　）

ア 法の前にすべての人は平等である。
イ 知者や勇者は特別待遇をうける。
ウ 大臣も匹夫も悪をなしてはならない。
エ 国の統治には国民の実態を考慮する。
オ 高官でも過ちは罰せられなければならない。
カ 君主には臣下への柔軟な対応が求められる。

［学習院大―改］

---

(2) 傍線部①は「法の加はる所」と読む。「所」とあっても場所を表しているわけではない。

(3) 傍線部⑤に訓点をつけると「莫シ㆑如クハ㆑法ニ」となる。「莫如…」は比較の形で、「…に及ぶものはない・…が一番だ」と訳す。
傍線部④に訓点をつけると「一《いつ》ニスルハ㆓民之軌《き》ヲ㆒」となる。「軌」は「軌跡・軌範・軌道」などの熟語がある常用漢字。

(4) 直前の「則」は接続詞で、「…れば則ち～〈＝…なら、つまり～ということになる〉」という構文を取ることが多い。したがって、その前の箇所が条件となる。

(5) 選択肢のキーワードが文中でどのように扱われているかを読み取る。

25 送《そう》別《べつ》

王《おう》維《い》

①下馬飲君酒
②問フレ君ニ何ノ所ニカ之《ゆ》クト
③君ハ言フ不トレ得レ意ヲ
④帰臥南1山2陲《ほとり》
⑤但去莫復問
⑥白雲無シ二尽クル時一

(1) 傍線部①は「馬を下り君に酒を飲ましむ」と読む。この読みに従って返り点をつけよ。

下　馬　飲　君　酒

(2) 傍線部②の意味として最も適切なものを次から選び、記号で答えよ。（　　）

ア 君はあれこれと言うのが得意ではないようだね。
イ 世の中に失望したと君はなぜ言わないのか。
ウ 今が絶頂期だと君はなぜ言わないのか。
エ 世の中がおもしろくないと君は言う。
オ 僕の理解が足りないと君は言う。

語注

1 南山＝長安の南にある終南山のこと。
2 陲＝ほとり。ほど近い所。そば。

重要語句チェック

①**「之」の読み方**　「之」は、
・**これ・こノ**（これ・この〈代名詞〉）
・**の**（…の・…が〈助詞〉）
以外にも漢文2行目に出てきたように
・**ゆク**（行く）
という読み方と意味がある。振り仮名がなくても読めるようにしておくこと。

②**「莫」の用法**　「莫」には二つの用法がある。
(1)**単純な否定**
読み＝…なし
意味＝…がない
「無」も同じ用法で使われる。
(2)**禁止**
読み＝…なかれ
意味＝…してはいけない
「無・勿・毋」も同じ用法で使われる。

③**「また」の意味の違い**　傍線部④の「復」と同じ読みをする漢字を整理すると、

(3) **傍線部③の書き下し文として最も適切なものを次から選び、記号で答えよ。**（　　）

ア 臥して帰らん、南山の陲へと。
イ 南山の陲を臥して帰らんと。
ウ 帰りて南山の陲に臥さんと。
エ 南山の陲を帰りて臥さんと。
オ 南山に臥して陲に帰らんと。

(4) **傍線部④の返り点のつけ方と書き下し文として最も適切なものを次から選び、記号で答えよ。**（　　）

ア 但去レ莫復問　　但《ただ》莫《くれ》に去りて復《ま》た問はん。
イ 但去莫三復一問二　　但《ただ》去れ。復《ま》た問ふこと莫《な》し。
ウ 但去レ莫二復問一　　但《ただし》、復《ま》た問ふこと莫《な》く去れ。
エ 但去莫復問　　但《ひとり》去ること莫《な》くして復《ま》た問はん。
オ 但去莫二復問一　　但《ただ》去れ。復《ま》た問ふこと莫《な》かれ。

(5) **傍線部⑤は、この詩の中でどのようなことを表しているか。最も適切なものを次から選び、記号で答えよ。**（　　）

ア 定めなく移ろいやすい人の心。
イ 去りゆく友に対する尽きない惜別の情。
ウ 人間の世界に対立する清らかな自然。
エ 見通しのたたない鬱々《うつうつ》とした心情。
オ 永遠に繰り返される自然のとめどのなさ。

〔清泉女子大〕

・**復**タ　ふたたび・かさねて
・**又**タ　さらに・そのうえ・またもや
・**亦**タ　…も同様に・…もまた
・**還**タ　ふたたび・もとにもどって
㊟送り仮名の「タ」を送らないで、一字で「また」と読む場合もある。

○解法のポイント

(1) 「飲ましむ」は使役形で、ふつうは「使《しム》二A《ヨシテ》B《〔セ〕》一」のパターンで出てくることが多い。ところが、傍線部①には「使」がないので「飲《マシム》」と送り仮名をふって使役であることを表す。

(2) レ点は、下の字からすぐ上の字に返って読む場合に、一二点は二字以上離れた下の字から上の字に返って読む場合に用いる。会話の部分を『　』でくると、「君言『不レ得レ意』」となる。

(3) ここは、漢文から判断するよりも、選択肢が日本語としておかしくないものを選ぶ。「臥」は、ここでは俗世間をのがれて隠れ住む生活(隠遁《いんとん》生活)をさす。

(4) 各選択肢の返り点のつけ方に注意する。**イ**の一・二・三点のつけ方はありえない。また、「莫」は返読文字だから**ア**・**エ**は消える。「但」は「但《ダ》」と送り仮名をつける場合もある。

(5) 白雲が尽きるときがない場所は、南山のほとりである。

26 春《しゅん》望《ぼう》

杜《と》甫《ほ》

国[1]破レテ山河在リ
城[2]春ニシテ草木深シ
感ジテハレ時ニ花ニモ濺[3]ギレ涙ヲ
恨ミテハレ別レヲ鳥ニモ驚カスレ心ヲ
烽火連ナリ二三[4]月ニ一
家書抵ル二万金ニ一
白頭搔[5]ケバ更ニ短カク
渾ベテ欲スレ不[6]ラントレ勝エレ簪[7]ニ

(1) **「草木深」とはどのような意味か。最も適切なものを次から選び、記号で答えよ。**（　　）

ア 草木が勢いよく成長している状態をたとえたもの
イ 手入れされずに荒廃している状態をたとえたもの
ウ 草木が多く茂っていて歩きにくい状態をたとえたもの
エ それだけ長い年月が経っていることをたとえたもの
オ 城の再興を願う気持ちをたとえたもの

(2) **「恨別」とは誰との「別」を示唆したものか。最も適切なものを次から選び、記号で答えよ。**（　　）

ア 恋人　**イ** 同僚　**ウ** 家族
エ 恩師　**オ** 学友

語注

1 **国**＝首都。国都。ここは唐代の首都の長安のことをさす。
2 **城**＝城壁に囲まれた町のことで、長安をさす。
3 **濺レ涙**＝はらはらと涙を流す。
4 **三月**＝①春三月、②三か月間、③何か月もの間、の三通りに訳せる。①なら「さんがつ」、②・③なら「さんげつ」と読む。本書の「解答・解説」の 現代語訳 は③の意味で訳してある。
5 **搔**＝悲しみのあまり頭をかきむしる。
6 **不レ勝**＝「たえず」と読む。たえきれない。しきれない。
7 **簪**＝「しん」と読む。冠《かんむり》を髪にさしとめておくためのピン。

重要語句チェック

①**漢詩の押韻**　漢詩で同じ響きを持つ漢字を句末に置くことを「押韻」という。押韻には次のような原則がある。
a 一行五字で四行…偶数句の句末
b 一行七字で四行…一句と偶数句の句末
c 一行五字で八行…偶数句の句末
d 一行七字で八行…一句と偶数句の句末
上段の漢詩はcにあたるので、「深《シン》・心《シン》・金《キン》・簪《シン》」が押韻になる。なお、52ページの「送別」は、

月　日

解答 ➡ 別冊29ページ

(3) **「烽火」とは何のことか。最も適切なものを次から選び、記号で答えよ。**（　　）

ア 災害　**イ** 実験　**ウ** 工事
エ 旅行　**オ** 戦争

(4) **「家書」とは何のことか。最も適切なものを次から選び、記号で答えよ。**（　　）

ア 教訓　**イ** 手紙　**ウ** 書物
エ 家宝　**オ** 家系図

(5)☆ **この漢詩の詩型は何か。最も適切なものを次から選び、記号で答えよ。**（　　）

ア 五言律詩　**イ** 五言絶句　**ウ** 七言律詩
エ 七言絶句

(6) **後世の俳人が、この漢詩を念頭に入れて詠んだと言われている俳句は何か。最も適切なものを次から選び、記号で答えよ。また、その句を詠んだ「後世の俳人」とは誰か。その人の姓名を漢字（四字）で書け。**（　　・　　）

ア 山近くなれば雨降る夏野かな
イ 行く春や鳥啼き魚の目は泪《なみだ》
ウ 夏空や廃れて高き煙りでる
エ 夏草や兵《つわもの》どもが夢の跡
オ 蕗《ふき》の葉も老い交じりたり草茂る

〔高崎経済大―改〕

六行詩なので押韻の原則はあてはまらない。

②**欲**　ここでは、「望む・願う」という意味ではなく、「いまにも…しかかる・…しそうになる」という、将来への動きを表している。

○解法のポイント

(1) 選択肢のそれぞれのキーセンテンス、**ア**は「勢いよく成長」、**イ**は「荒廃している状態」、**ウ**は「歩きにくい状態」、**エ**は「長い年月が経っている」、**オ**は「城の再興」のうち、この詩の内容にふさわしいものを選ぶ。

(2) 六句目の「家書抵㆓万金㆒」と関連づけて考える。

(3) 「烽」とは、敵が侵入してきたら、火を燃やし煙をあげて味方に急を知らせるのろしのことである。また、一句目の「国破」もヒントになる。

(4) 四句目の「恨㆑別」から、離ればなれになっていることがわかる。そのときに「万金にも相当する貴重なもの」とは何かを考える。

(5) 一行が五字で八行の詩形といえば何か。律詩と絶句の違いは、正確に説明できるようにしておくこと。

(6) ここでとりあげている「後世の俳人」は、「奥の細道」で「国破れて山河あり、城春にして草青みたり」と書いている。

装丁デザイン　ブックデザイン研究所
本文デザイン　A.S.T DESIGN

大学入試 ステップアップ 漢文【標準】

編著者　大学入試問題研究会
発行者　岡 本 泰 治
印刷所　寿 印 刷

発行所　受験研究社

〒550-0013 大阪市西区新町 2 丁目19番15号
注文・不良品などについて：(06)6532-1581(代表)／本の内容について：(06)6532-1586(編集)

Printed in Japan　高廣製本
落丁・乱丁本はお取り替えします。

ひっぱると、はずして使えます。

大学入試 ステップアップ

STEP UP

漢文

Standard 標準

解答・解説

01 再読文字 4・5ページ

1
(1) 未だ成らず (2) 老い将に至らんとす
(3) 当に勉励すべし (4) 猶ほ父に事ふるがごときなり
(5) 須らく春に及ぶべし (6) 宜しく之を知るべし
(7) 盍ぞ各爾の志を言はざる (8) 且に之を飲まんとす
(9) 応に西北に流るべし
(10) 由ほ水のひくきに就くがごとし

2
(1) 例 まだそのもう一方のことは知らない。
(2) 例 今にもこれを救おうとする。
(3) 例 きっと故郷のことを知っているに違いない。
(4) 例 ちょうど斉が魯に味方するようなものだ。
(5) 例 主君とするのがよい。
(6) 例 常に病気で苦しんでいるときのことを思い出さなければならない。

3
先 君 未ダ㆓嘗テ 適カ㆑楚ニ。
訳 例 先代の主君は、まだこれまでに楚の国へ行ったことがない。

書き下し文

1
(1) 事《こと》未《いま》だ成《な》らず。
(2) 日月《じつげつ》流《なが》るるがごとく、老《お》い将《まさ》に至《いた》らんとす。
(3) 時《とき》に及《およ》びて当《まさ》に勉励《べんれい》すべし。
(4) 君《きみ》に事《つか》ふること猶《な》ほ父《ちち》に事《つか》ふるがごときなり。
(5) 行楽《こうらく》須《すべか》らく春《はる》に及《およ》ぶべし。
(6) 汝《なんぢ》宜《よろ》しく之《これ》を知《し》るべし。
(8) 酒《さけ》を引《ひ》きて且《まさ》に之《これ》を飲《の》まんとす。
(9) 漢水《かんすい》も亦《ま》た応《まさ》に西北《せいほく》に流《なが》るべし。
(10) 民《たみ》の之《これ》に帰《き》するは由《な》ほ水《みず》のひくきに就《つ》くがごとし。

2
(1) 其《そ》の一《いち》を知《し》りて未《いま》だ其《そ》の二《に》を知《し》らず。
(2) 斉《せい》の桓公《かんこう》将《まさ》に之《これ》を救《すく》はんとす。
(3) 応《まさ》に故郷《こきやう》の事《こと》を知《し》るべし。
(4) 秦《しん》の斉《せい》に与《くみ》するや、猶《な》ほ斉《せい》の魯《ろ》に与《くみ》するがごときなり。
(5) 是《こ》れ宜《よろ》しく君《きみ》と為《な》すべし。
(6) 須《すべか》らく常《つね》に病苦《びょうく》の時《とき》を思《おも》ふべし。

3
先君《せんくん》未《いま》だ嘗《かつ》て楚《そ》に適《ゆ》かず。

現代語訳 （例として示す。）

1
(1) ことはまだ成功しない。
(2) 歳月は（水が）流れるように（過ぎ去り）、老いは今にも迫ってくるだろう。
(3) 時機を逃さず力を尽くすべきだ。
(4) 主君へ仕えることは、まるで父に仕えるようなものだ。
(5) 遊び楽しむのはぜひ春のうちにする必要がある。
(6) お前はこれを知っておくのがよい。
(7) どうしてお前たちそれぞれ、自分の気持ちを言わないのか。（お前たちそれぞれ、自分の気持ちを言ってみないか。）
(8) 酒を引き寄せてこれを飲もうとする。
(9) 漢水もまたきっと西北に流れるだろう。
(10) 民が従うのはちょうど水が低い所に流れていくようなものだ。

2

(1) その一方は知っているが、まだそのもう一方のことは知らない。

(2) 斉の桓公はこれを救おうとする。

(4) 秦が斉に味方をするのは、ちょうど斉が魯に味方するようなものだ。

(5) これを主君とするのがよい。

02 返読文字 ……………… 6・7ページ

1

(1) ①レ ②レ (2) ①三 ②二 ③一 (3) ①レ ②レ

(4) レ (5) ①三 ②二 ③一 (6) ①レ ②レ

(7) ①二 ②一 (8) ①二 ②一 ③二 ④一

(9) ①レ ②レ (10) ①レ ②レ (11) ①レ ②レ

2

(1) 歳月は人を待たず。

(2) 蜀国に平地少なし。

(3) 我欺かる。

(4) 一寸の光陰軽んずべからず。

(5) 朋有り遠方より来たる。

(6) 桜花爛漫雪のごとし。

(7) 他郷苦辛多し。

3

(1) 所二以 愛一レ民 也。(A)

(2) 所三以 居二子 之 上一也。(B)

(3) 所二以 距一レ我。(B)

(4) 所二以 危一也。(B)

(5) 所二以 伝レ道 授レ業 解一レ惑 也。(A)

注 **3**の「所‐以」は、「所二以」「所三以」のように「‐」《ハイフン》を入れなくてもよい。

書き下し文

1

(1) 朽木《きうぼく》は雕《ゑ》るべからず。

(2) 別《べつ》に天地《てんち》の人間《じんかん》に非《あら》ざる有《あ》り。

(3) 備《そな》へ有《あ》れば憂《うれ》ひ無《な》し。

(4) 君笑《きみわら》ふこと莫《な》かれ。

(5) 天帝《てんてい》我《われ》をして百獣《ひやくじう》に長《ちやう》たらしむ。

(6) 信《しん》にして疑《うたが》はれ、忠《ちう》にして謗《そし》らる。

(7) 千万人《せんまんにん》と雖《いへど》も吾《われ》往《ゆ》かん。

(8) 其《そ》の剣舟中《けんしうちう》より水《みず》に墜《お》つ。

(9) 譬《たと》へば井《せい》を掘《ほ》るがごとし。

(10) 其《そ》の実《じつ》は行《おこな》ひ易《やす》く、其《そ》の辞《じ》は知《し》り難《がた》し。

(11) 庸主《ようしゆ》は愛《あい》する所《ところ》を賞《しやう》す。

3

(1) 法《ほう》は民《たみ》を愛《あい》する所以《ゆゑん》なり。

(2) 此《こ》れ乃《すなわ》ち吾《われ》の子《し》の上《うえ》に居《い》る所以《ゆゑん》なり。

(3) 吾《わ》れ子《し》の我《われ》を距《へだ》つ所以《ゆゑん》を知《し》る。

(4) 是《こ》れ其《そ》の危《あやう》くする所以《ゆゑん》なり。

(5) 師《し》は、道《みち》を伝《つた》へ業《わざ》を授《さず》け惑《まど》ひを解《と》く所以《ゆゑん》なり。

現代語訳 (例として示す。)

1

(1) 腐った木には彫刻できない。

(2) 俗世間とは違った別世界もある。

(3) 準備ができていれば、心配ごとは無い。

(4) 君よ、笑ってくれるな。

(5) 天の神が、私をすべての獣の長にさせた。

(6) 誠を尽くしても疑われ、真心を尽くしても非難される。

(7) もし相手が千万人いようとも、私はつき進んで行こう。
(8) その剣が、舟の中から水中に落ちてしまった。
(9) たとえると井戸を掘るようなものだ。
(10) 実行するのはたやすいが、言葉ではわかりにくい。
(11) すぐれたところのない主君は好きな人をほめる。

2
(1) 年月は(すぐ過ぎ去り)人を待ってはくれない。
(2) 蜀国には平地が少ない。
(3) 私はだまされた。
(4) ほんの少しの時間もむだにしてはいけない。
(5) 友だちがいて遠くからやって来た。
(6) 桜が咲き乱れて(まるで)雪が降るようである。
(7) 郷里から離れた土地にいると苦労ばかりが多い。

3
(1) 法は人民を大切にする手段である。
(2) これこそ私があなたより勝っている理由である。
(3) 私はあなたが私を遠ざけている理由がわかっている。
(4) これがその危険な理由である。
(5) 先生とは、道理を教え、技術を与え、狭くとらわれた考えを解きほぐしてくれるための人である。

03 否定の形 ……… 8・9ページ

1
(1) ①ルハ ②キ　(2) ①ざ ②ル
(3) ①クンバ ②あら　(4) ①ル ②な
(5) ①カレ ②ル

2
(1) ニハ　訳 例 いつも油を手に入れられるとは限らない。
(2) ニ　訳 例 いつも油を手に入れられない。
(3) ズシモ　訳 例 思いやりがあるとは限らない。
(4) タ　訳 例 二度と帰らない。
(5) ニハ　訳 例 ともには生きられない。

3
(1) A 称せざる莫し
B 例 称賛しない者はいない。
(2) A 王土に非ざるは無し
B 例 王の領土でない場所はない。
(3) A 過ち無きに非ず
B 例 過失がないわけではない。
(4) A 寒きを悪まざるに非ざるなり
B 例 寒さをきらわないわけではないのだ。
(5) A 未だ嘗て涕を垂れずんばあらず
B 例 これまで涙を流さなかったことはない。
(6) A 敢へて勉めずんばあらず
B 例 努力しないわけにはいかない。

注 **2**の(4)の「復」は、部分否定も全部否定も「また」と読むが、ここは「不」が「復」の上にあるから部分否定であると判断できる。これが「復《タ》不レ還《ラ》」とあれば全部否定になる。

書き下し文

1

(1) 義《ぎ》を見《み》て為《な》さざるは勇《いふ》無《な》きなり。
(2) 食《く》らはざれば其《そ》の旨《うま》きを知《し》らざるなり。
(3) 是非《ぜひ》の心《こころ》無《な》くんば人《ひと》に非《あら》ざるなり。
(4) 己《おのれ》の欲《ほつ》せざる所《ところ》、人《ひと》に施《ほどこ》すこと勿《な》かれ。
(5) 己《おのれ》に如《し》かざる者《もの》を友《とも》とすること無《な》かれ。

2

(1) 常《つね》には油《あぶら》を得《え》ず。
(2) 常《つね》に油《あぶら》を得《え》ず。
(3) 勇者《ゆうしや》は必《かなら》ずしも仁《じん》有《あ》らず。
(4) 壮士《そうし》一《ひと》たび去《さ》りて復《ま》た還《かへ》らず。
(5) 今両虎《いまりやうこ》共《とも》に闘《たたか》はば、其《そ》の勢《いきほ》ひ倶《とも》には生《い》きず。

3

(1) 天下《てんか》君《きみ》の賢《けん》を称《しやう》せざる莫《な》し。
(2) 天下《てんか》王土《わうど》に非《あら》ざるは無《な》し。
(3) 君子《くんし》過《あやま》ち無《な》きに非《あら》ず。
(4) 寒《さむ》きを悪《にく》まざるに非《あら》ざるなり。
(5) 余《よ》未《いま》だ嘗《かつ》て涕《なみだ》を垂《た》れずんばあらず。
(6) 足《た》らざる所《ところ》有《あ》れば、敢《あ》へて勉《つと》めずんばあらず。

現代語訳　（例として示す。）

1

(1) 正しいことを見ながら実行しないのは、勇気がないのである。
(2) 食べてみなければ、そのうまさはわからないのである。
(3) 善悪を判断する心がない者は、人間ではないのである。
(4) 自分の望まないことは、他人にもしてはいけない。
(5) 自分より劣った者を友人としてはいけない。

2

(3) 勇者は思いやりがあるとは限らない。
(4) 壮士はひとたびこの地を離れたら、二度と帰らない。
(5) もし今、二頭の虎が戦ったならば、その成りゆきとして、ともには生きられない。

3

(1) 天下に主君の賢人ぶりを称賛しない者はいない。
(2) 天下で王の領土でない場所はない。
(3) 君子にも過失がないわけではない。
(5) 私はこれまでに涙を流さなかったことはない。
(6) 足りないところがあれば、努力しないわけにはいかない。

04 疑問の形 …… 10・11ページ

1

(1) ①ゾ　②や　(2) レノ　(3) クニ　(4) クンゾ
(5) たれ　(6) レカ　(7) レゾ　(8) いかん
(9) いかん　(10) セン　(11) ①ヲ　②テ

2

(1) A せいなるものか。
B 例 聖人(です)か。
(2) A なんぞまつりごとをなさざる
B 例 どうして政治をしないの(です)か。
(3) A いづくにかある
B 例 どこにいるの(です)か。
(4) A われをいかんともするなし。
B 例 私をどうしようもない。
(5) A なんすれぞさらざるや
B 例 どうして立ち去らないのか。
(6) A なにをもってそのしかるをしるや
B 例 どうしてそういうことがわかるのか。

書き下し文

1

(1) 今子《いまし》に憂色《ゆうしよく》有《あ》るは何《なん》ぞや。
(2) 今夜《こんや》知《し》らず何《いづ》れの処《ところ》にか宿《やど》するを。
(3) 沛公《はいこう》安《いづ》くに在《あ》る。
(4) 君《きみ》安《いづ》くんぞ項伯《かうはく》と故《こ》有《あ》る。
(5) 孰《たれ》か子産《しさん》は智《ち》なりと謂《い》ふ。
(6) 父《ふ》と夫《ふ》と孰《いづ》れか親《した》しき。
(7) 夫子《ふうし》何為《なんす》れぞ弓《ゆみ》を執《と》らざる。
(8) 諸侯《しよかう》の従《したが》はざるは奈何《いかん》せん。
(9) 今《いま》の政《まつりごと》に従《したが》ふ者《もの》は何如《いかん》。
(10) 月白《つきしろ》く風清《かぜきよ》し、此《こ》の良夜《りやうや》を何如《いかん》せん。
(11) 何《なに》を以《もつ》て我《わ》が禽《とりこ》と為《な》る。

2

(1) 夫子《ふうし》は聖《せい》なる者《もの》か。
(2) 子奚《しなん》ぞ政《まつりごと》を為《な》さざる。
(3) 君《きみ》悪《いづ》くにか在《あ》る。
(4) 是《こ》れ我《われ》を奈何《いかん》ともする無《な》し。
(5) 何為《なんす》れぞ去《さ》らざるや。
(6) 何《なに》を以《もつ》て其《そ》の然《しか》るを知《し》るや。

現代語訳

(例として示す。)

1

(1) 今、あなたの顔に心配の様子があるのはなぜですか。
(2) 今夜はどんな所に宿るのかわからない。
(3) 沛公はどこにいるのか。
(4) あなたはどうして項伯と知り合いなのか。
(5) 誰が子産は知者だというのか。
(6) 父と夫とどちらが親密か。
(7) あなたはどうして弓を手にとらないのですか。
(8) 諸侯たちで従わない者はどうしたらよいか。
(9) 今の政治に携わっている者はどうでしょうか。
(10) 月が明るく風もすがすがしい、このようなすばらしい夜をどうしようか。
(11) どうして私の臣下となったのか。

2

(1) あなたは聖人ですか。
(2) あなたはどうして政治をしないのですか。
(3) あなたはどこにいるのですか。
(4) これでは私をどうしようもない。

---

05 反語の形

12・13ページ

1

(1) ①ケン ②や
(2) ①ゾ ②ラン ③や
(3) ①ヲカ ②ラン
(4) ①クンゾ ②ラン ③や
(5) ①たれ ②ラン
(6) ①なんす ②カン
(7) ①なんぢ(なんじ) ②セン
(8) ①いかん ②ラン
(9) ①あ ②ラン ③や
(10) ①リ ②レン ③や
(11) ①ヘテ ②ラン ③や

2

(1) A 何ぞ兄弟無きを患へんや
B 例 どうして兄弟がいないことを気にかけるだろうか、いや、気にかけることはない。
(2) A 悪くんぞ戦はざる者有らんや
B 例 どうして戦わない者がいるだろうか、いや、戦わない者はいない。

(3) A古より誰か死無からん
B例 昔から誰が死なないでいられようか、いや、誰もいない。

(4) A人を正すを如何せん
B例 他人を正すことなどどうしてできようか、いや、正すことなどできない。

(5) A豈に我を害せんや
B例 どうして我が国に害を加えようか、いや、害を加えない。

(6) A敢へて命を聴かざらんや
B例 どうして命令をきかないことがあろうか、いや、必ず命令をきく。

注 1の(10)の「与」は、疑問の場合は「か」と読むが、反語の場合は助字はすべて「や」と読む。
2 反語は疑問と紛らわしいので、現代語訳するときは、「いや、……」以下も必ず書き加えて、反語であることをはっきり示しておくようにすること。

書き下し文

1

(1) 不仁者《ふじんしや》は与《とも》に言《い》ふべけんや。
(2) 帝力《ていりよくなん》何ぞ我《われ》に有《あ》らんや。
(3) 之《こ》の二虫《にちう》、又《ま》た何《なに》をか知《し》らん。
(4) 燕雀《えんじやく》安《いづ》くんぞ鴻鵠《かうこく》の志《こころざし》を知《し》らんや。
(5) 孰《たれ》か忍《しの》ぶべからざらん。
(6) 何《なん》為《す》れぞ寸歩《すんぼ》門《もん》を出《い》でて行《い》かん。
(7) 虞《ぐ》や虞《ぐ》や若《なんぢ》を奈何《いかん》せん。
(8) 如何《いかん》ぞ涙垂《なみだた》れざらん。
(9) 此《これ》を以《もつ》て治《ち》を為《な》さば、豈《あ》に難《かた》からざらんや。
(10) 独《ひと》り廉将軍《れんしやうぐん》を畏《おそ》れんや。
(11) 百獣《ひやくじう》の我《われ》を見《み》るや、敢《あ》へて走《はし》らざらんや。

2

(1) 君子《くんし》は何《なん》ぞ兄弟《けいてい》無《な》きを患《うれ》へんや。
(2) 悪《いづ》くんぞ戦《たたか》はざる者《もの》有《あ》らんや。
(3) 人生古《じんせいいにしへ》より誰《たれ》か死《し》無《な》からん。
(4) 其《そ》の身《み》を正《ただ》しくすること能《あた》はずんば、人《ひと》を正《ただ》すを如何《いかん》せん。
(5) 晋《しん》豈《あ》に我《われ》を害《がい》せんや。
(6) 臣《しん》敢《あ》へて命《めい》を聴《き》かざらんや。

現代語訳

(例として示す。)

1

(1) 思いやりのない人と、話し合えようか、いや、話し合えない。
(2) 天子の力など、どうして私に関係あろうか、いや、関係ない。
(3) この二匹の動物は、そのうえ何を知っているというのか、いや、何も知らない。
(4) ツバメやスズメ(のような小人物)に、どうしてオオトリやクグイ(のような大人物)の心がわかるだろうか、いや、わからない。
(5) 誰が忍ぶことができないだろうか、いや、忍ぶことができる。
(6) どうしてわずかな距離でも門を出て行こうか、いや、出て行かない。
(7) 虞よ、虞よ、お前をどうしようか、いや、どうしようもできない。
(8) どうして涙を流さないでいられようか、いや、涙を流さないではいられない。
(9) このように治めるようにしたら、どうして難しいことがあろうか、いや、難しいことはない。

(10) まさか廉将軍をおそれようか。いや、おそれない。
(11) すべての獣が私を見ると、どうして逃げないことがあろうか、いや、必ず逃げる。

2

(1) 君子は、どうして兄弟がないことを気にかけるだろうか、いや、気にかけることはない。
(3) 人生で昔から誰が死なないでいられようか、いや、誰もいない。
(4) 自分自身を正す能力がなければ、他人を正すことなどどうしてできようか、いや、正すことなどできない。
(5) 晋国がどうして我が国に害を加えようか、いや、害を加えない。
(6) 私はどうして命令をきかないことがあろうか、いや、必ず命令をきく。

06 使役の形

14・15ページ

1

(1) ①ム ②ヲシテ ③ハ
(2) ①メテ ②ヲシテ ③ム ④ヲシテ
(3) ①ム ②ヲシテ
(4) ①ジテ ②ニ ③ハシム
(5) ①ケテ ②ゼシム

2

(1) 使㆔人遣㆓韓非薬㆒。
(2) 思㆑君令㆓人老㆒。
(3) 命㆓豎子㆒殺㆑雁烹㆑之。
(4) 勧㆓秦王㆒顕㆓岩穴之士㆒。
(5) 遣㆓沛公㆒、西略㆑地。

3

(1) A人をして趙の王(趙王)に書を遺らしむ。
B 例 人に趙の王への手紙を届けさせる。
(2) A秦起賈をして之を禁ぜしむ。
B 例 秦は起賈に之をやめさせた。
(3) A故人に命じて之を書せしむ。(「書」は「書かせしむ」でもよい)
B 例 旧友に命令してこれを書かせる。
(4) A人を遣はして往き看せしむ。
B 例 人に行かせて見させる。
(5) A以て趙に至らしむ。
B 例 そして趙に行かせた。

注 **3**の(2)〜(4)は、解答にふりがなは不要。

書き下し文

1

(1) 桓公人《かんこうひと》をして之《これ》に問《と》はしむ。
(2) 虎《とら》をして其《そ》の爪牙《さうが》を釈《す》てしめて、狗《いぬ》をして之《これ》を用《もち》ゐしむ。
(3) 嗣公人《しこうひと》をして之《これ》に席《せき》を遺《おく》らしむ。
(4) 帝《てい》二子《にし》に命《めい》じて二山《にざん》を負《お》はしむ。
(5) 余苗《よなえ》を助《たす》けて長《ちやう》ぜしむ。

2

(1) 李斯人《りしひと》をして韓非《かんぴ》に薬《くすり》を遺《おく》らしむ。
(2) 君《きみ》を思《おも》へば人《ひと》をして老《お》いしむ。
(3) 豎子《じゆし》に命《めい》じて雁《がん》を殺《ころ》して之《これ》を烹《に》しむ。
(4) 秦王《しんわう》に勧《すす》めて岩穴《がんけつ》の士《し》を顕《あら》はさしむ。
(5) 沛公《はいかう》を遣《つか》はして、西《にし》して地《ち》を略《りやく》せしむ。

3

(1) 秦《しん》の昭王人《しやうわうひと》をして趙《ちやう》の王《わう》に書《しよ》を遺《おく》らしむ。
(5) 燕之《えんこれ》に資《し》して、以《もつ》て趙《ちやう》に至《いた》らしむ。

現代語訳（例として示す。）

1
(1) 桓公は人にそのことを聞きに行かせる。
(2) 虎にその爪《つめ》と牙《きば》を捨てさせて、犬にそれらを使わせる。
(3) 嗣公は人に座席用のむしろを届けさせる。
(4) 天帝は二人の子どもに命令して二つの山を背負わせる。
(5) 私は苗(の成長)を助けて、(引っぱって)成長させてやった。

2
(1) 李斯は人に韓非に薬を届けさせる。
(2) あなたのことを考えていると(悲しみが)私に年を取らせる。
(3) 童僕に命じて雁を殺してこれを料理させる。
(4) 秦王に勧めて隠遁者を登用させる。
(5) 沛公を派遣して、西進させて(敵)地を攻略させる。

3
(1) 秦の昭王は人に趙の王への手紙を届けさせる。
(5) 燕はこれに資金を与えて、そして趙に行かせた。

---

07 受身の形 ……16・17ページ

1
(1) る　(2) なル　(3) ①れ　②る
(4) ところ　(5) ①らレ　②る

2
(1) 為二人所一レ制。
(2) 為二陽虎一所レ暴。
(3) 常制二於人一。
(4) 窃レ鉤者誅。

3
(1) A衛君に愛せらる　B例 衛国の主君に愛される。
(2) A吾属今沛公の虜と為る　B例 我々は今沛公の虜になる。
(3) A楚の敗る所と為る　B例 楚に敗られる。
(4) A人に治めらる　B例 人に治められる。
(5) A朋友《ほうゆう》に信《しん》ぜられず　B例 友人に信用されない。
(6) A用ゐられず　B例 採用されない。

注 **1**の(3)①・(5)①は下に続くので終止形で読まない。**2**の(1)と(2)は、読み方の違いで送り仮名のつけ方が異なる点に注意する。**3**の(1)の「愛す」はサ変動詞だから「愛せらる」と続く。(6)の「用」は、終止形が「用ゐる」であるから、送り仮名の表記に注意する。「ゐ」のカタカナ表記は「ヰ」である。

書き下し文

1
(1) 百姓《ひゃくせい》保《たも》たる。
(2) 愚者《ぐしゃ》は費《ひ》を愛惜《あいせき》して、但《た》だ後世《こうせい》の嗤《わら》ひと為《な》る。
(3) 信《しん》にして疑《うたが》はれ、忠《ちゅう》にして謗《そし》らる。
(4) 吾《わ》が命制《めいせい》する所《ところ》有《あ》り。
(5) 厚《あつ》き者《もの》は戮《りく》せられ、薄《うす》き者《もの》は疑《うたが》はる。

2

(1) 後《おく》るれば則《すなは》ち人《ひと》の制《せい》する所《ところ》と為《な》る。

(2) 嘗《かつ》て陽虎《ようこ》の為《ため》に暴《ぼう》せらる。

(3) 窮《きう》する者《もの》常《つね》に人《ひと》に制《せい》せらる。

(4) 彼《か》の鉤《こう》を窃《ぬす》む者《もの》誅《ちう》せらる。

3

(1) 弥子瑕《びしか》衛君《えいくん》に愛《あい》せらる。

(3) 遂《つひ》に楚《そ》の敗《やぶ》る所《ところ》と為《な》る。

(4) 力《ちから》を労《らう》する者《もの》は人《ひと》に治《をさ》めらる。

(6) 蘇秦《そしん》秦《しん》の恵王《けいわう》に游説《いうぜい》して用《もち》ゐられず。

現代語訳（例として示す。）

1

(1) 民衆は保護される。

(2) 愚か者は出費を惜しんで、ただ後の世の人に笑われる。

(3) 誠を尽くしても疑われ、真心を尽くしても非難される。

(4) 私の命は定められているのだ。

(5) 程度のひどい者は殺され、程度の軽い者は疑われる。

2

(1) 遅れをとったときには他人におさえつけられる。

(2) 以前に陽虎に乱暴された。

(3) 困窮している者は、いつも人におさえつけられる。

(4) 例のつりばりを盗んだ者は処罰される。

3

(1) 弥子瑕は衛国の主君に愛される。

(3) とうとう楚に敗られる。

(4) 肉体労働をする者は人に治められる。

(6) 蘇秦は秦の恵王に演説しに行ったが、採用されなかった。

08 比較・選択の形

18・19ページ

1

(1) ①シ ②ヨリモ　(2) カ　(3) ①シ ②クハ

(4) ①ロ ②カレ　(5) ①リハ ②レゾ

2

(1) 猛㆓於虎㆒也。

(2) 不㆑若㆓君之美㆒。

(3) 無㆑如㆓其身㆒。

(4) 楽莫㆑大㆑焉。

(5) 与㆓其有㆒㆑楽㆓於身㆒、孰㆓‐若無㆒㆑憂㆓於其心㆒。

3

(1) 例 二月の桃の花よりも赤い。

(2) 例 必ずしも弟子より優れているとは限らない。

(3) 例 これを大国に贈ってしまったほうがよい。

(4) 例 着物は新しいものに及ぶものはなく、人は古い友人に及ぶものはない。

(5) 例 世界でこれ以上に強い国はない。

(6) 例 むしろ人が私を裏切っても、私が人を裏切ってはならない。

(7) 例 順調にはこぶことよりもむしろ死を悲しめ、そのほうがよい。

(8) 例 儀礼はぜいたくであるよりはむしろ質素なほうがよい。

書き下し文

1

(1) 氷《こほり》は水《みづ》よりも寒《さむ》し。

(2) 之《これ》を知《し》る者《もの》は之《これ》を楽《たの》しむ者《もの》に如《し》かず。

(3) 臣《しん》を知《し》るは君《きみ》に如《し》くは莫《な》し。

(4) 寧《むし》ろ鶏口《けいこう》と為《な》るとも、牛後《ぎうご》と為《な》る無《な》かれ。

(5) 其《そ》の前《まえ》に誉《ほまれ》有《あ》らんよりは、其《そ》の後《あと》に毀《そし》り無《な》きに孰若《いず》れぞ。

2

(1) 苛政《かせい》は虎《とら》よりも猛《もう》なり。
(2) 徐公《じょこう》は君《きみ》の美《び》に若《し》かず。
(3) 人《ひと》の急《きう》する所《ところ》は、其《そ》の身《み》に如《し》くは無《な》し。
(4) 身《み》に反《かえ》りみて誠《まこと》なれば、楽《たの》しみ焉《これ》より大《だい》なるは莫《な》し。
(5) 其《そ》の身《み》に楽《たの》しみ有《あ》らんよりは、其《そ》の心《こころ》に憂《うれ》ひ無《な》からんに孰若《いず》れぞ。

3

(1) 霜葉《さうよう》は二月《にがつ》の花《はな》よりも紅《くれない》なり。
(2) 師《し》は必《かなら》ずしも弟子《でし》よりも賢《けん》ならず。
(3) 秦《しん》に与《あた》ふるは、之《これ》を大国《たいこく》に帰《おく》るに若《し》かず。
(4) 衣《ころも》は新《あら》たなるに若《し》くは莫《な》く、人《ひと》は故《ふる》きに若《し》くは莫《な》し。
(5) 晋国《しんこく》は天下《てんくわ》に焉《これ》より強《きやう》なるは莫《な》し。
(6) 寧《むし》ろ人我《ひとわれ》に負《そむ》くとも、我人《われひと》に負《そむ》くこと毋《な》かれ。
(7) 喪《も》は其《そ》の易《おさ》まらんよりは寧《むし》ろ戚《いた》め。
(8) 礼《れい》は其《そ》の奢《おご》らんよりは寧《むし》ろ倹《けん》なれ。

現代語訳（例 として示す。）

1

(1) 氷は水よりも冷たい。
(2) これを知っている者は、これを楽しんでいる者に及ばない。
(3) 臣下を知ることについて、その主君に及ぶ者はない。
(4) むしろ鶏の口ばしになったとしても、牛の尻にはなるな。
(5) 生前に評判が高いよりは、死後に悪口を言われないほうがよい。

2

(1) むごい政治は虎（の害）よりも恐ろしいのだ。
(2) （美男の）徐公もあなたの美男ぶりには及ばない。
(3) 人が大事にするもので、自分自身に及ぶものはない。
(4) 自らを反省して誠実であれば、これ以上に大きい楽しみはない。
(5) 身に楽しみがあるよりは、その心に憂いがないほうがよい。

3

(1) 霜に色づいた紅葉は二月の桃の花よりも赤いのだ。
(2) 先生は必ずしも弟子より優れているとは限らない。
(3) 秦に与えるくらいなら、これを大国に贈ってしまったほうがよい。
(5) 晋の国は、世界でこれ以上に強い国はない。
(7) 葬儀は順調にはこぶこと（に気をつかうこと）よりもむしろ死を悲しめ、そのほうがよい。

09 感嘆の形

20・21ページ

1

(1) ああ　(2) かな　(3) ①ゾ　②や
(4) ①ず　②ま　③や　(5) ①ニ　②や　(6) かな
(7) ああ　(8) ①ゾ　②や

2

(1) 豈不㆓誠廉士㆒哉。
(2) 不㆓亦説㆒乎。

3

(1) Aああかなしいかな。
B 例 ああかなしいなあ。
(2) Aちちいはく、ああわがこと。
B 例 父は言う、「ああ、わが子よ。」と。
(3) Aゆくものはかくのごときかな。
B 例 過ぎ去って行く者はこれと同じなのだなあ。
(4) Aなんぞそひとのおおきや。
B 例 なんと楚の国の人の多いことよ。
(5) Aまたたのしからずや。

(6)
B例なんと楽しいではないか。
A あにかなしからずや。
B例なんとかなしいではないか。

書き下し文

1

(1) 嗚呼《ああ》、其《そ》れ真《しん》に馬《うま》無《な》きか。
(2) 直《ちよく》なるかな、史魚《しぎよ》。
(3) 王将軍《わうしやうぐん》何《なん》ぞ怯《きやう》なるや。
(4) 仁以《じんもつ》て己《おの》が任《にん》と為《な》す、亦《ま》た重《おも》からずや。
(5) 豈《あ》に謬《あやま》たずや。
(6) 是《こ》れ命《めい》なるかな。
(7) 嗟乎《ああ》士《し》は己《おのれ》を知《し》る者《もの》の為《ため》に死《し》す。
(8) 之《これ》を割《わ》りて多《おお》からざる、又《ま》た何《なん》ぞ廉《れん》なるや。

2

(1) 陳仲子《ちんちうし》は豈《あ》に誠《まこと》の廉士《れんし》ならずや。
(2) 学《まな》んで時《とき》に之《これ》を習《なら》ふ、亦《ま》た説《よろこ》ばしからずや。

3

(1) 嗚呼《ああ》哀《かな》しいかな。
(2) 父曰《ちちい》はく、嗟予《ああわ》が子《こ》と。
(3) 逝《ゆ》く者《もの》は斯《かく》のごときかな。
(4) 何《なん》ぞ楚人《そひと》の多《おお》きや。
(5) 亦《ま》た楽《たの》しからずや。
(6) 豈《あ》に哀《かな》しからずや。

現代語訳（例として示す。）

1

(1) ああ、本当に名馬がいないのか。
(2) 正直だなあ、史魚は。
(3) 王将軍はなんと臆病なことよ。
(4) 仁を自分の生涯の任務とする、なんと重いことではないか。
(5) なんと誤りではないか。
(6) これは運命だなあ。
(7) ああ、男は自分を理解してくれる者のために死ぬものだ。
(8) これを分けて多くない〈＝少ない〉ほうを取るとは、またなんと欲がないことよ。

2

(1) 陳仲子はなんと心が清くて私欲のない人ではないか。
(2) 勉強をして、適当なときに復習をするのは、なんと喜ばしいことではないか。

10 限定の形 ………… 22・23ページ

1

(1) ①ダ ②ノミ　(2) ①ダ ②のみ
(3) ①ダ ②クノミ　(4) ①リ ②ノミ
(5) ①カニ ②のみ　(6) ①ダ ②ノミ
(7) のみ　(8) のみ　(9) ①ダ ②のみ
(10) ①ダ ②ヲシテ ③のみ
(11) ①ダ ②のみ

2

(1) Aただりのみこれもとむ。
B例ただ利益だけを追求する。
(2) Aよただりのみこれみる。
B例私は利益だけしか眼中にない。
(3) Aしょはもってせいめいをきすにたるのみ。
B例文字は姓名を書くのに役立つだけだ。
(4) Aこうじのかんは、よんすんのみ。

B 例 口と耳との間は、四寸離れているだけだ。

(5) A いまひとりしんのみふねあり。

B 例 今はただ私だけだ、船を持っているのは。

(6) A ふうしのみちはちゅうじょのみ。

B 例 先生(孔子)の道はまごころと思いやりだけだ。

書き下し文

1

(1) 天下《てんか》の英雄《えいゆう》は唯《た》だ君《きみ》と我《われ》とのみ。

(2) 直《た》だ百歩《ひやつぽ》ならざるのみ。

(3) 但《た》だ人語《じんご》の響《ひび》きを聞《き》くのみ。

(4) 独《ひと》り秦《しん》のみ能《よ》く趙《ちやう》を苦《くる》しめん。

(5) 生《い》きて還《かえ》れる者《もの》、僅《わず》かに三人《さんにん》のみ。

(6) 小人《しやうじん》は朋《とも》無《な》し。惟《た》だ君子《くんし》のみ之《これ》有《あ》り。

(7) 之《これ》に従《したが》はんと欲《ほつ》すと雖《いへど》も由末《よしな》きのみ。

(8) 吾《わ》れ武成《ぶせい》に於《お》いては二三《にさん》の策《さく》を取《と》るのみ。

(9) 之《これ》を殺《ころ》すと雖《いへど》も益無《えきな》し。祇《た》だ禍《わざわ》ひを益《ま》すのみ。

(10) 但《た》だ能《よ》く之《これ》をして由《よ》らしむるのみ。

(11) 但《た》だ閑人《かんじん》の吾《わ》が両人《りやうにん》のごとき者《もの》を少《か》くのみ。

2

(1) 唯《た》だ利《り》のみ之《こ》れ求《もと》む。

(2) 余《よ》惟《た》だ利《り》のみ是《こ》れ視《み》る。

(3) 書《しよ》は以《もつ》て姓名《せいめい》を記《き》すに足《た》るのみ。

(4) 口耳《かうじ》の間《かん》は、四寸《よんすん》のみ。

(5) 今独《いまひと》り臣《しん》のみ船《ふね》有《あ》り。

(6) 夫子《ふうし》の道《みち》は忠恕《ちうじよ》のみ。

現代語訳

(例 として示す。)

1

(1) 天下の英雄は、ただあなたと私とだけだ。

(2) ただ百歩逃げなかっただけだ。

(3) ただ人の話し声が聞こえるだけだ。

(4) ただ秦だけが趙を苦しめることができるだろう。

(5) 生きて戻ったのは、わずかに三人だけだ。

(6) つまらない人物には共に語り合える仲間はいない。ただ(徳のある)君子だけがそういう仲間がいる。

(7) たとえこれに従おうとしても方法がないのだ。

(8) 私は武成では二つか三つのはかりごとを用いただけだ。

(9) これを殺しても利益にならない。ただ禍いをふやすだけだ。

(10) ただこれにうまく頼らせるだけだ。

(11) ただ暇人である私たち二人のような者がまれなだけだ。

11 仮定の形

24・25ページ

1

(1) ①もシ ②いだサバ　(2) ①もシ ②いたラバ

(3) ①いやしクモ ②なクンバ

(4) ①たとヒ ②わすルトモ

(5) ①いへ(え)どモ ②ありト

2

(1) 学若シ不ンバレ成ラ

(2) 苟クモ有レバレ過チ

(3) 縦ヒ上不トモレ殺サレ我ヲ

(4) 雖モレ令スト不レ従ハレ

(5) 如使シ予欲セバレ富ヲ

3

(1) A もししせば

B例 もしあなたが死んだならば、

(2) A いやしくもじんにこころざせば

B例 もし仁であることを志したならば、

(3) A たとひしするあたはざるとも

B例 たとえ死ぬことができなかったとしても、

(4) A じつげつとひかりをあらそふといへ(え)ども

B例 たとえ太陽や月と光を争っても、

(5) A たみをしていしょくあまりあらしめば

B例 もし人民に衣食を十分に与えたとしたら、

(6) A きみにしてかならずんば

B例 もしあなたでだめなら、

書き下し文

1

(1) 若《も》し我師《われいくさ》を出《いだ》せば、必《かなら》ず懼《おそ》れて帰《かへ》らん。

(2) 如《も》し大病《たいびやう》に至《いた》れば、則《すなは》ち之《これ》を如何《いかん》せん。

(3) 苟《いやし》くも民《たみ》無《な》くんば、何《なに》を以《もつ》て君《きみ》有《あ》らんや。

(4) 縦《たと》ひ子《し》之《これ》を忘《わす》るとも、山川《さんせん》の鬼神《きじん》其《そ》れ諸《これ》を忘《わす》れんや。

(5) 智恵《ちえ》有《あ》りと雖《いへど》も、勢《いきほ》ひに乗《じやう》ずるに如《し》かず。

2

(1) 学《がく》若《も》し成《な》らずんば死《し》すとも還《かへ》らず。

(2) 苟《いやし》くも過《あやま》ち有《あ》れば、人必《ひとかなら》ず之《これ》を知《し》る。

(3) 縦《たと》ひ上《しやう》我《われ》を殺《ころ》さずとも、我心《われこころ》に愧《は》ぢざらんや。

(4) 其《そ》の身《み》正《ただ》しからざれば、令《れい》すと雖《いへど》も従《したが》はれず。

(5) 如使《も》し予《われ》富《とみ》を欲《ほつ》せば、十万《じうまん》を辞《じ》して万《まん》を受《う》けんや。

3

(1) 若《も》し子《し》死《し》せば、将《まさ》に誰《たれ》をか子《し》に代《かは》らしめんとす。

(2) 苟《いやし》くも仁《じん》に志《こころざ》せば、悪《あく》無《な》きなり。

(3) 縦《たと》ひ死《し》する能《あた》はざるとも、其《そ》れ又《ま》た奚《なに》をか言《い》はんや。

---

(4) 日月《じつげつ》と光《ひかり》を争《あらそ》ふと雖《いへど》も、可《か》なり。

(5) 民《たみ》をして衣食《いしょく》余《あま》り有《あ》らしめば、自《おの》づから盗《とう》を為《な》さざらん。

(6) 君《きみ》にして可《か》ならずんば、尚《な》ほ誰《たれ》をか可《か》とする者《もの》ぞ。

現代語訳

(例として示す。)

1

(1) もし私が軍隊を出発させたら、きっと恐れて帰るだろう。

(2) もし重病になったならば、そのときはどうしようか。

(3) もし民衆がいなかったならば、どうして主君がいるだろうか、いや、いないだろう。

(4) たとえあなたがこのことを忘れたとしても、自然の鬼神はこのことを忘れるだろうか、いや、忘れることはないだろう。

(5) たとえ知恵があっても、勢いに乗ることには及ばない。

2

(1) 学問がもし成し遂げられないならば、死んでも(故郷には)帰らない。

(2) もし間違いがあったならば、人は必ずそれに気づく。

(3) たとえ王が私を殺さなくても、私は心の中で恥じずにいられようか、いや、恥じずにはいられない。

(4) 自分自身が正しくなければ、たとえ命令を発したとしても(その命令は)従われない。

(5) もし私が富を欲しがっているならば、十万を断って一万を受け取るだろうか、いや、受け取らない。

3

(1) もしあなたが死んだならば、誰をあなたの後継者にしようとしますか。

(2) もし仁であることを志したならば、悪はないのである。

(3) たとえ死ぬことができなかったとしても、ほかに何を言うだろうか、いや、言わない。

(4) たとえ太陽や月と光を争っても、構わない。

(5) もし人民に衣食を十分に与えたとしたら、自然と盗みをしなくなるだろう。

(6) もしあなたでだめなら、そのうえ誰かよしとする者がいるのか。

12 抑揚・累加の形 26・27ページ

1

(1) ①スラ ②ンヤ ③ヲ ④や

(2) ①スラ ②ホ ③ンヤ ④ヲ ⑤や

(3) ①スラ ②ホ ③ンヤ ④イテヲ ⑤や

(4) ①スラ ②ホ ③にく ④ンヤ ⑤イテヲヤ

(5) ①スラ ②ツ ③クンゾ ④や

(6) ①スラ ②ホ ③ンヤ ④ヲ ⑤や

(7) ①ダニ ②ルルノミナラ

(8) ①ダニ ②キノミニ

(9) ①ニ ②ダニ ③キノミナランヤ

(10) ①ゾ ②リ ③ルノミナランヤ

(11) ①ホ ②クンゾ ③ケンヤ

2

(1) A 況んや手を断つをや。
B 例 まして手を切り取るくらいはなおさら避けるようなことはしないのだ。

(2) A 而るを況んや人に於いてをや。
B 例 まして人間はなおさら恩を知っているのだ。

(3) A 安くんぞ辞するに足らんや。
B 例 どうして辞退しようか、いや、辞退しない。

(4) A 独り賢者のみ是の心有るに非ざるなり、
B 例 ただ賢者だけがこの心を持っているのではなく、

(5) A 豈に惟だに口腹にのみ飢渇の害有らんや、
B 例 どうしてただ口や腹だけに飢えや渇きの害があろうか、

書き下し文

1

(1) 一夫《いつぷ》すら狃《な》らすべからず、況《いは》んや国《くに》をや。

(2) 蔓草《つるくさ》すら猶《な》ほ除《のぞ》くべからず、況《いは》んや君《きみ》の寵弟《ちやうてい》をや。

(3) 庸人《ようじん》すら尚《な》ほ之《これ》を羞《は》づ、況《いは》んや将相《しやうそう》に於《お》いてをや。

(4) 臣《しん》すら尚《な》ほ自《みづか》ら悪《にく》むなり。而《しか》るを況《いは》んや君《きみ》に於《お》いてをや。

(5) 将軍《しやうぐん》すら且《か》つ死《し》せり、妾《しやう》安《いづ》くんぞ生《せい》を用《もち》ゐんや。

(6) 此《こ》の句《く》他人《たにん》すら尚《な》ほ聞《き》くべからず。況《いは》んや僕《ぼく》の心《こころ》をや。

(7) 唯《た》だに帰《かへ》るを忘《わす》るるのみならず、以《もつ》て老《お》いを終《お》ふべし。

(8) 徒《た》だに益《えき》無《な》きのみに非《あら》ず、而《しか》も又《ま》た之《これ》を害《がい》す。

(9) 豈《あ》に徒《た》だに斉《せい》の民《たみ》安《やす》きのみならんや、天下《てんか》の民《たみ》挙《みな》安《やす》し。

(10) 故郷《こきやうなん》何ぞ独《ひと》り長安《ちやうあん》に在《あ》るのみならんや。

(11) 民《たみ》生《せい》を楽《たの》しまざれば尚《な》ほ死《し》を避《さ》けず、安《いづ》くんぞ能《よ》く罪《つみ》を避《さ》けんや。

2

(1) 死《し》すら且《か》つ避《さ》けず、況《いは》んや手《て》を断《た》つをや。

(2) 禽獣《きんじう》すら恩《おん》を知《し》る、而《しか》るを況《いは》んや人《ひと》に於《お》いてをや。

(3) 臣《しん》、死《し》すら且《か》つ避《さ》けず、卮酒《ししゆ》安《いづ》くんぞ辞《じ》するに足《た》らんや。

(4) 独《ひと》り賢者《けんじや》のみ是《こ》の心《こころ》有《あ》るに非《あら》ざるなり、人《ひと》皆《みな》之《これ》有《あ》り。

(5) 豈《あ》に惟《た》だに口腹《かうふく》にのみ飢渇《きかつ》の害《ぐわい》有《あ》らんや、人《ひと》の心《こころ》も亦《ま》た皆《みな》害《ぐわい》有《あ》り。

現代語訳（例として示す。）

1

(1) 一人の男でさえも手なずけられないのに、まして国はなおさら手なずけられない。

(2) つる草でさえも除けないのだ、ましてあなたがかわいがっている弟はなおさら除けない。

(3) 普通の人でさえも恥じるのだ、まして将軍や宰相はなおさら恥じる。

(4) 私でさえも自分が憎いのだ、ましてあなたにとってはなおさら憎いだろう。

(5) 将軍でさえも死んでしまったのに、私がどうして生きていられようか、いや、生きてはいられない。

(6) この詩句は、他人でさえも(悲しくて)聞くに耐えないものだ。まして私の心はなおさら聞くに耐えられないのだ。

(7) ただ(故郷に)帰るのを忘れるだけでなく、(ここで)このまま生涯を終えてもよいのだ。

(8) ただ益が無いだけでなく、有害なのだ。

(9) どうしてただ斉国の人民だけが安泰であろうか、いや、天下の人民もみな安泰になるのだ。

(10) 故郷はどうしてただ長安だけにあろうか、いや、長安だけではない。

(11) 人民は生活を楽しめないと、なお死を避けることすらしないのだから、どうして刑罰を避けさせることができようか、いや、できない。

2

(1) 死でさえも避けないのだ、まして手を切り取るくらいはなおさら避けるようなことはしないのだ。

(2) 鳥や獣でさえも恩を知っている、まして人間はなおさら恩を知っているのだ。

(3) 私は、死でさえも恐れないのに、一杯の酒をどうして辞退しようか、いや、辞退しない。

(4) ただ賢者だけがこの心を持っているのではなく、人すべてがこの心を持っているのだ。

(5) どうしてただ口や腹だけに飢えや渇きの害があろうか、いや、人間の心にも同様に飢えや渇きの害はある。

13 戦国策 …………… 28・29ページ

(1) **ウ**
(2) A **イ** B **ウ**
(3) **エ**
(4) それ

解説

(1) 再読文字は設問を解くカギになることが多い。読みと意味を正確に覚えておくことが必要である。ここは、傍線部の前半だけで正解を導くことが可能である。訓点を入れると、「燕王《ノ》所《ノ》レ為《ス》レ将《ニ》《ルヲ》レ殺《サント》レ我《ヲ》者《ハ》、人《ノ》有《レバ》レ言《フ》三我《レ》有《ツト》二宝珠一也」となる。

(2) 選択肢の**カ**～**ク**は再読文字として使われていることが多い。再読文字の場合は、必ず左側に返り点がつく。A・Bとも、返り点がついていないというだけで**カ**～**ク**は無関係であると判断できる。Aの下の「我」は張丑自身をさす。したがって、Aには彼を信じていない燕王が入る。Bの下の「之」も張丑で、境吏につかまえられていたが、解放されたのである。

(3) 漢文2行目の「燕王所」から7行目の「且寸絶」までは張丑が境吏に向かって話している会話文である。したがって、文中の「子」は聞き手の境吏をさしている。これで**ア**・**イ**が消える。**ウ**の「誤って」という表現は漢文中にはない。**オ**の自分で呑み込んでしまったら、境吏が殺される理由はなくなる。

(4) 「夫」の読み方は出題されやすいので、意味も含めて必ず暗記しておくこと。

書き下し文

張丑燕《ちやうちうえん》に質為《ちた》り。燕王之《えんわうこれ》を殺《ころ》さんと欲《ほつ》す。走《はし》つて且《まさ》に境《さかい》を出《い》でんとす。境吏丑《きやうりちう》を得《え》たり。丑曰《ちうい》はく、燕王《えんわう》の将《まさ》に我《われ》を殺《ころ》さんとするを為《な》す所《ところ》の者《もの》は、人《ひと》の我《わ》れ宝珠《ほうしゆ》を有《も》つと言《い》ふ有《あ》ればなり。王之《わうこれ》を得《え》んと欲《ほつ》す。今我《いまわ》れ已《すで》に之《これ》を亡《うしな》へり。而《しか》るに燕王我《えんわうわれ》を信《しん》ぜず。今子且《いましまさ》に我《われ》を致《いた》さんとす。我且《われまさ》に子《し》の我《わ》が珠《たま》を奪《うば》ひて之《これ》を呑《の》めりと言《い》はんとす。燕王必《えんわうかなら》ず当《まさ》に子《し》を殺《ころ》し子《し》の腹《はら》を刳《さ》き子《し》の腸《ちやう》に及《およ》ぶべし。夫《そ》れ得《う》るを欲《ほつ》するの君《きみ》は、説《と》くに利《り》を以《もつ》てすべからず。吾要《われかなら》ず且《まさ》に死《し》せんとし、子《し》の腸《ちやう》も亦《ま》た且《まさ》に寸絶《すんぜつ》せんとす。境吏恐《きやうりおそ》れて之《これ》を赦《ゆる》す。

現代語訳（例として示す。）

張丑は燕の人質になっていた。燕王は彼を殺そうとした。（そのため張丑は）逃走しまさに国境を越えようとした。（ところが）国境を守る役人が張丑をつかまえた。（そこで）張丑が言った、「燕王が私を殺そうとなさったのは、ある人が、私が宝珠を持っていると言ったからなのだ。（そのため）王はこれ〈＝宝珠〉を手に入れたいと思われているのだ。（だが）私はすでにこれを無くしている。それなのに燕王は私を信じてはくださらない。（ところで）今、あなたは私を（燕王のもとに）送り届けようとしている。（燕王のところへ連れて行ったら）私はあなたが私の宝珠を奪って呑み込んでしまったと言うつもりだ。（そうしたら）燕王はきっとあなたを殺してあなたの腹を切り割き、あなたの腸にまで達するだろう。そもそも（そのものを）欲しがっている君主（に対して）は、説得するときに（別の）利益の話をしてはいけない。私は必ず殺されるだろうが、あなたの腸もまたばらばらにされるだろう。」（すると）国境を守る役人は恐れて彼を解放した。

14 荀子 ……………………… 30・31ページ

(1) **ア**
(2) B **イ** C **オ**
(3) **ウ**
(4) **エ**
(5) **オ**
(6) **ウ**

解説

(2) [B]は、子貢の質問に対して子路が答えている。[C]は、その子路の答えに対し、さらに子貢が答えている。「曰《ク》」の直後はふつうは「　」でくくられているが、設問の関係でついていない場合は、自分で「　」でくくってみるといい。会話文の中にさらに会話文が引用されていることもある。

(3) 「是《ノ》邑」は魯をさしている。魯の国にいて、その国の人物を非難することは礼にかなった行為ではないので、孔子は避けたのである。

(4) 「以《テ》二A《ヲ》一為《ス》二B《ト》一」のパターンに気づけば**エ**しか残らない。

(5) 再読文字を含む設問はよく出題される。傍線部②に訓点をつけると「吾将ニ二為ニレ女ノ問ハントレ之ヲ」となる。

(6) **ア**は「『私も分からない』と答えた」、**イ**は全体が、**エ**は「叱った」が合致しない。ある国にいる場合は、そこの国の人間を非難しないというのが孔子の態度であるから、**オ**・**カ**のように魯国に限定しているものは内容に合致しない。

書き下し文

子路《しろ》孔子《こうし》に問《と》ひて曰《いは》く、魯《ろ》の大夫《たいふ》練《れん》して牀《しやう》するは、礼《れい》か、と。孔子《こうし》曰《いは》く、吾《われ》知《し》らざるなり、と。子路《しろ》出《い》でて子貢《しこう》に謂《い》ひて曰《いは》く、吾《われ》夫子《ふうし》を以《もつ》て知《し》らざる所《ところ》無《な》しと為《な》す、夫子《ふうし》徒《すなは》ち知《し》らざる所《ところ》有《あ》り、と。子貢《しこう》曰《いは》く、女《なんぢ》何《なに》を問《と》ひたるや、と。子路《しろ》曰《いは》く、由《ゆう》問《と》ふ、魯《ろ》の大夫《たいふ》練《れん》して牀《しやう》するは、礼《れい》なるか、と。夫子《ふうし》曰《いは》く、吾《われ》知《し》らざるなり、と。子貢《しこう》曰《いは》く、吾《われ》将《まさ》に女《なんぢ》の為《ため》に之《これ》を問《と》はんとす、と。子貢《しこう》問《と》ひて曰《いは》く、練《れん》して牀《しやう》するは、礼《れい》なるか、と。孔子《こうし》曰《いは》く、礼《れい》に非《あら》ざるなり、と。子貢《しこう》出《い》でて、子路《しろ》に謂《い》ひて曰《いは》く、女《なんぢ》夫子《ふうし》を謂《い》ひて知《し》らざる所《ところ》有《あ》りと為《な》すか、夫子《ふうし》は徒《すなは》ち知《し》らざる所《ところ》無《な》し、女《なんぢ》の問《と》ひ非《ひ》なり、と。礼《れい》に是《こ》の邑《ゆう》に居《お》れば、其《そ》の大夫《たいふ》を非《そし》らず、と。

現代語訳（例として示す。）

子路が孔子に質問して言った、「魯の大夫は練〈＝練《ね》り絹の喪服〉を着て寝台に寝ていますが、あれは礼にかなったことですか。」（これに対して）孔子は言った、「私は知らない。」と。子路は（孔子のところから）退出して子貢に言った、「私は、先生は何事も知らないものはない、と思っていたのであるが、先生にも知らないことがある。」と。（これに対して）子貢は言った、「お前は何を質問したのだ。」と。（そこで）子路は言った、「由〈＝私〉は『魯の大夫は練を着て寝台に寝ていますが、これは礼にかなっているのですか。』と質問したら、（これに対して）先生はおっしゃった、『私は知らない。』と。」（すると）子貢は言った、「私はお前のためにこのことについて（先生に）お尋ねしよう。」と。（そこで孔子のところへ行って）子貢は質問して言った、「練を着て寝台に寝ることは礼ですか。」と。（これに対し）孔子が言った、「礼ではない。」と。子貢は（孔子のところから）退出して、子路に言った、「お前は先生のことを知らないことがあると考えているが、先生は知らないことはない、お前の質問（の仕方）が悪いのだ。礼では、ある国にいる場合は、その（国の）大夫を非難しない（だから先生は知らないと答えたのだ）。」と。

15 孟子 …… 32・33ページ

(1) **エ**
(2) 例 もしこの指を伸ばすことができる者がいたならば
(3) a ため　b にく（ムコトヲ）
(4) **ウ**
(5) **ウ**

解説

(1) 伸びないくすり指について述べている。それが**ウ**では仕事のさまたげになるといい、**エ**ではさまたげにならないといっている。仕事のさまたげにならないのなら、そのまま放っておいてもよいはず。それでも伸ばしてくれる人がいたら、直しに行くという文脈から考えて、**エ**が正解となる。

(2) 「如シ…有ラバ」で仮定を表していることに気づく。「能」は可能を表し、下の動詞「信バス」にかかり、「伸ばすことができる」と訳す。

(3) aもbも必須知識。aは送り仮名の違いで意味も違ってくるから、読みと意味をセットで覚えるようにする。bの「悪」を「にくむ」意で使うときは、音《おん》は「オ」となり「アク」とは読まない。

(4) 「不レ知レ類」で、「物事の軽重を知らない」という意味で、何がより大切なのかをわからないといっている。**ア**の「良否」、**イ**の「難易」、**エ**の「優劣」は、いずれも「類」にあてはまらない。

(5) 選択肢のキーワードに注目すると、**ア**の「小事↕大事」、**イ**の「外見↕本心」、**エ**の「結果↕原因」は、いずれも指と心を対比させたものとしてあてはまらない。

書き下し文

孟子《まうし》曰《いは》く、「今《いま》無名《むめい》の指《ゆび》、屈《くつ》して信《の》びざる有《あ》り。疾痛《しつつう》して事《こと》に害《がい》あるに非《あら》ざるなり。如《も》し能《よ》く之《これ》を信《の》ばす者有《ものあ》らば、則《すなは》ち秦《しん》・楚《そ》の路《みち》をも遠《とほ》しとせざらん。指《ゆび》の人《ひと》に若《し》かざるが為《ため》なり。指人《ゆびひと》に若《し》かざれば、則《すなは》ち之《これ》を悪《にく》むことを知《し》る。心人《こころひと》に若《し》かざれば、則《すなは》ち悪《にく》むことを知《し》らず。此《こ》れ之《これ》を類《るい》を知《し》らずと謂《い》ふなり」と。

現代語訳 (例として示す。)

孟子は言った、「もしくすり指が、曲がったまま伸びない者がいたとする。(その指が)痛くて仕事にさしつかえるということではないのだ。(しかし)もしこの指を伸ばすことができる者がいたならば、(その人は)秦や楚の国への道のりも、遠いと思わない(で治しに出かけて行く)だろう。(なぜなら)指が他人に及ばないためである。指が他人に及ばなければ、これを憎みきらうことを知っている。(ところが)心が他人に及ばなくても、これを憎みきらうことを知らない。これこそ物事の軽重がわからないというのである。」と。

---

16 郁離子 …… 34・35ページ

(1)	(2)	(3)	(4)
エ	ウ	オ	エ

解説

(1) 使役形の代表的なパターンであるから、必ず答えられるようにしておく。「使《ム》二A《ヲシテ》B《（セ）》一」のうち、Aにあたる部分が「国工」で、Bにあたる部分が「視之」である。Bの部分は動詞として読むところであるから、「視レ之《ヲ》」となる。ただしAを飛び越えて「使」を読むため、一二点を用いて「使《しム》二A《ヲシテ》視《み》レ之《ヲ》」となる。

(2) 工之僑が作った琴が新品だったために評価されなかったのである。琴の新旧に触れている選択肢は**ウ**と**オ**であるが、**オ**の「古めかしさ」は漢文の内容と逆になるため**ウ**が正しい。

(3) 「諸」は工之僑が作った琴をさす。琴を古めかしく見せるための作戦で、一年後には音楽を担当する役人までもがだまされたのである。

(4) 工之僑の嘆きは琴に限ったことではない。したがって、**ア**と**エ**が残るが、**エ**の「見た目に惑わされ、物事の本質が正しく把握されない世の中」がより漢文の内容に近い。

書き下し文

工之僑《かうしけう》良桐《りやうとう》を得《え》たり。断《た》ちて琴《きん》を為《つく》り、弦《げん》して之《これ》を鼓《こ》するに、金声《きんせい》して玉応《ぎよくおう》ずるがごとし。自《みづか》ら以《もつ》て天下《てんか》の美《び》と為《な》すなり。之《これ》を献《けん》ず。太常国工《たいじやうこくこう》をして之《これ》を視《み》しむ。曰《い》はく、「古《こ》ならず」と。之《これ》を還《かへ》す。工之僑《かうしけう》以《もつ》て帰《かへ》る。諸《これ》を漆工《しつかう》に謀《はか》りて、断紋《だんもん》を作《な》さしめ、又諸《またこれ》を篆工《てんこう》に謀《はか》りて、古款《こかん》を作《な》さしむ。匣《はこ》して諸《これ》を土《つち》に埋《うず》め、期年《きねん》にして之《これ》を出《いだ》し、抱《いだ》きて以《もつ》て市《いち》に適《ゆ》く。貴人《きじん》過《よぎ》りて之《これ》を見《み》、之《これ》に易《か》ふるに百金《ひやつきん》を以《もつ》てし、諸《これ》を朝《ちやう》に献《けん》ず。楽官《ぐわくかん》伝視《でんし》して、皆《みな》曰《い》はく、「希世《きせい》の珍《ちん》なり」と。工之《かうし》僑之《けうこれ》を聞《き》き、嘆《たん》じて曰《い》はく、「悲《かな》しいかな、世《よ》や。豈《あ》に独《ひと》り一琴《いつきん》のみならんや。然《しか》らざるは莫《な》し。而《しか》して早《つと》に之《これ》を図《はか》らざれば、其《そ》れ与《とも》に亡《ほろ》びん」と。遂《つひ》に去《さ》る。

現代語訳（例として示す。）

工之僑は良質の桐の木を手に入れた。（それを）切って琴を作り、弦を張ってこれを弾いたところ、音の響きが美しかった。自分でもこの世に類がない名器だと思った。（そこで）これを献上した。祭祀・礼楽をつかさどる役人は（その琴を）国の中で最も権威のある職人に調べさせた。（その職人は）言った、「古いものではない。」と。（そのため役人は工之僑に）その琴を返した。工之僑は（琴を）持って帰った。これを漆《うるし》職人に相談して、とぎれとぎれになった模様をつけさせ、さらにこれを印鑑などに文字を彫る職人に相談して、古めかしい文字を彫らせた。（そして）箱に入れて土に埋め、一年後にこれを掘り出して、抱えて市場に持って行った。高貴な人が通りかかってこれを見て、百金とかえて（琴を買い）、これを朝廷に献上した。音楽をつかさどる役人たちは次々に詳しく見ていって、皆が言った、「世の中にめったに現れることのないような珍品だ。」と。工之僑はこれを聞き、嘆いて言った、「悲しいことだ、世の中は。どうして、ただ琴の一件だけだろうか、いや、この件だけではない。このよう（な風潮）でないものはない。だから（この風潮を改めるために）早く手を打たなければ、それ〈＝その風潮〉とともに（国は）亡びてしまうだろう。」と。（そして）とうとう（その国から工之僑は）去って行った。

---

17 史記 ……………… 36・37ページ

(1) イ
(2) イ
(3) ア
(4) イ
(5) オ
(6) エ
(7) ア

解説

中国の戦国時代の話のため、いろいろな国名が出ているので、混乱しないよう整理（メモ）しながら読んでいくようにする。参考までに簡単に整理すると次のようになる。

①秦が韓（宜陽）を攻めた。
②楚は韓を救援した。
③周も韓に出兵した。このことを秦に加担するものだと考えた楚は、
④周を攻めようとした。
⑤蘇代が④をやめさせようと「楚が周を攻めることは、秦と周の結びつきをねらっている秦の策略にはまることになる。秦と周の関係がどうなってもかまわないという態度をとることで、周が秦と疎遠になるようしむけるべきだ。そうすると周は秦と絶縁して、楚と親しむようになるだろう」と説得した。

(1) 「之」は周をさす。
(2) 使役形は「使」がよく出てくるが、「しム」と読む漢字には、「令・教・遣」なども用いられることがあるので覚えておくこと。

(3) ここは蘇代が楚王に向かって言っている会話文の一部であることを忘れないこと。また「周秦」は、語注を参考にしないと解釈がむずかしいが、漢文は語注がヒントになることも多いので、必ず参考にすること。

(4) 直前に「此レ為ル二秦ノ取ルレ周ヲ」(これは秦の周を奪い取るための)と言っていることから、秦の作戦であることをおさえる。

(5) 空欄の直前の「言《ここ》ニ」は、語調を整えるためにある語で、現代語訳するときは訳さなくていい。「於レ秦、因善レ之」と「不レ於レ秦亦言□レ之」は対句的な表現になっていることに気づけば、空欄に「善」が入ることは容易にわかる。

(6) 「疏」を「疏《うと》クセヨ」と読めるかがポイント。

(7) 周と秦との関係を絶つのであるから、「絶縁」があたる。

書き下し文

八年《はちねん》、秦宜陽《しんぎやう》を攻《せ》む。楚之《そこれ》を救《すく》ふ。而《しか》して楚《そ》以《おも》へらく、周《しう》は秦《しん》の為《ため》にすと。故《ゆゑ》に将《まさ》に之《これ》を伐《う》たんとす。蘇代周《そだいしう》の為《ため》に楚王《そわう》に説《と》きて曰《いは》く、「何《なん》ぞ周《しう》は秦《しん》の為《ため》にすと以《おも》へるの禍《わざはい》なるや。周《しう》の秦《しん》の為《ため》にすること楚《そ》よりも甚《はなはだ》しと言《い》ふ者《もの》は、周《しう》をして秦《しん》に入《い》らしめんと欲《ほつ》するなり。故《ゆゑ》に周秦《しうしん》と謂《い》ふなり。周其《しうそ》の解《と》くべからざるを知《し》らば、必《かなら》ず秦《しん》に入《い》らん。此《こ》れ秦《しん》の周《しう》を取《と》るの精為《せいた》る者《もの》なり。王《わう》の為《ため》に計《はか》るに、周秦《しうしん》に於《おひ》てするも、因《よ》りて之《これ》を善《よ》しとし、秦《しん》に於《おひ》てせざるも亦言《またここ》に之《これ》を善《よ》しとし、以《もつ》て之《これ》を秦《しん》に疏《うと》くせよ。周秦《しうしん》と絶《た》たば、必《かなら》ず郢《えい》に入《い》らん」と。

現代語訳 (例として示す。)

周の赧王の八年、秦が(韓の)宜陽を攻めた。楚はこれ〈＝韓〉を救援した。そして楚は(以下のように)思った、周もこのとき韓のために出兵したが、それは秦に加担するためであると。だから(楚が)これ〈＝周〉を攻めようとした。(このとき)蘇代が周のために楚王を説得して言った、「どうして周が秦のために(出兵した)と思われるのですか、(その考えは)禍になります。周が秦のためにすることが、(周が)楚のためにすることより多いと言う者は、周を秦(の勢力下)に入れさせようと望む(者な)のです。だから、周と秦は一体である、と言っているのです。周は、それ〈＝周と秦との関係について楚の疑い〉を解くことができないと知れば、必ず秦の勢力下に入るでしょう。これは秦の周を奪い取るための精妙な計略です。(楚)王のために計略を考えるなら、周が秦に親しんでも、これはこれでよしとし、(周が)秦に親しまなくても、これをよしとし、そして(結果的には)周を秦と疎遠になるようにするのです。(その結果)周は秦と絶縁して、(楚と親しむため)必ず楚の都の郢《えい》に入って参りましょう。」と。

18 孔子家語 ········· 38・39ページ

(1) ア
(2) 黍 者 所二以 雪レ 桃
(3) 孔子(丘)
(4) イ
(5) ウ

解説

(1) 傍線部①の漢文は、「(主語＋)述語＋補語＋目的語」の語順。主語の「哀公」が省略され、「賜」が述語となる。「賜」のような与奪動詞がくると、このような補語を伴う語順になる。「A与《と》レB」は必修知識である。

(2)「所‐以」の間にハイフンを入れ「所㆓以」と表記してもよい。読みや意味には違いはない。漢文では「者」を「は」と日本語の助詞として読むケースは多い。

(3)上下関係がはっきりしている場合に、下の者が上の者に自分のことを言うときに使う。ここの答えは「孔子」になるが、孔子の会話文中に自分のことを名前の「丘」と言っているので、これでもかまわない。

(4)「不㆑敢」は否定を表すが、「敢ヘテ不ラン㆓…㆒(乎《や》)」(敢《あ》へて…ざらんや)は反語形になる。この二つは混同されやすいのでセットで覚えておくとよい。

(5)上位の者〈＝黍〉で下位の者〈＝桃〉をぬぐうのは、秩序を守る世界では有害であると孔子が主張している。これに対して哀公が、その考え方はよいと賛意を表している。

書き下し文

孔子《こうし》哀公《あいこう》に侍坐《じざ》す。之《これ》に桃《たう》と黍《しよ》とを賜《たま》ふ。哀公曰《あいこういは》く「請《こ》ふ食《くら》はんことを」と。孔子《こうし》先《ま》づ黍《しよ》を食《くら》ひ、而《しか》る後《のち》に桃《たう》を食《くら》ふ。左右皆口《さゆうみなくち》を掩《おお》ひて笑《わら》ふ。公曰《こういは》く「黍《しよ》は桃《たう》を雪《ぬぐ》ふ所以《ゆゑん》なり。之《これ》を食《くら》ふ為《ため》に非《あら》ざるなり」と。孔子対《こうしこた》へて曰《いは》く「丘之《きうこれ》を知《し》れり。然《しか》れども夫《か》の黍《しよ》は五穀《ごこく》の長《ちやう》なり。郊《かう》礼《れい》・宗廟《そうびやう》には以《もつ》て上盛《しやうせい》と為《な》す。菓《くわ》の属《ぞく》に六《りく》有《あ》りて桃《たう》を下《しも》と為《な》す。祭祀《さいし》に用《もち》ゐず、郊廟《かうびやう》に登《とう》ぜず。丘之《きうこれ》を聞《き》く、君子《くんし》は賤《せん》を以《もつ》て貴《き》を雪《ぬぐ》ふと。貴《き》を以《もつ》て賤《せん》を雪《ぬぐ》ふを聞《き》かず。今五穀《いまごこく》の長《ちやう》を以《もつ》て菓《くわ》の下《しも》なる者《もの》を雪《ぬぐ》ふは、是《こ》れ上《かみ》より下《しも》を雪《ぬぐ》ふなり。臣以為《しんおも》へらく教《をしへ》に妨《さまた》げあり、義《ぎ》に害《がい》ありと。故《ゆゑ》に敢《あ》へてせず」と。公曰《こういは》く「善《よ》きかな」と。

現代語訳（例として示す。）

孔子は哀公のそばに座った。(哀公は)彼〈＝孔子〉に桃と黍《きび》をお与えになった。哀公は言った、「どうか食べてほしい。」と。孔子は先に黍を食べ、そうしてその後に桃を食べた。(それを見ていた哀公の)側近たちの全員が口に手をあてて笑った。哀公は言った、「黍は桃をぬぐうためのものである。これを食べるためにあるのではない。」と。(これに対し)孔子は答えて言った、「私もそのことを知っています。しかし、あの黍は五穀の長です。郊外で天地の神をまつる儀式や祖先をまつる場所では最上の供物とします。(一方)果物の仲間には六種類あって、桃は下等のものとみなします。(したがって)神や祖先をまつることには用いませんし、天地をまつる儀式と祖先をまつる儀式には登場しません。私はこのように聞いています、『君子は賤《いや》しいもので貴いものをぬぐう。』と。貴いもので賤しいものをぬぐうということは聞いていません。もし、五穀の長〈＝黍〉で果物の下等なるもの〈＝桃〉をぬぐったら、これは上位のものにより下位のものをぬぐうことになります。私は(それでは秩序の大切さを学ばせる)教育の妨げとなり、義〈＝人が歩むべき正しい道〉を傷つけることになると思います。だから(そう)しようと思わないのです。」と。(これを聞いた)哀公は言った、「(孔子の考えは)よき(考え)であることよ。」と。

19 貞観政要 ……………… 40・41ページ

(1) a オ　b イ
(2) イ
(3) エ
(4) ア
(5) 例 どうしてこのことを忘れてしまったの(です)か。

(6) エ

解説

(1) bを「かって」と読まないように注意する。「かって」に漢字を当てると「勝手」になり、意味が違ってしまう。「かつて」と読む漢字として「嘗」もあわせて覚えておく。

(2) 「太宗馬を養ふ宮人を怒りて」と読み、訓点をつけると「太宗怒リテ㆓養フ㆑馬ヲ宮人ヲ㆒」となる。

(3) 皇后の「昔、斉ノ景公…之ヲ邪」の言葉の中に、『汝養…三也』という景公へ向けた晏子の言葉が引用されている。

(4) ウ 「釈明」は、誤解や非難などに対して事情を説明して了解を求めること。エ「会釈《えしゃく》」は、頭を軽くさげて礼をすること。「かいしゃく」とは読まない。

(5) かなり漢文を勉強した人でも、「豈」とあれば反語形と考えるのは当然である。ただし、本冊の「解法のポイント」でも触れたように、反語形と疑問形の大きな違いは、反語形が「…ん・…んや」で終わるのに対し、疑問形は「…や・…か・連体形」で終わる点である。この点を常に頭に置いて、現代語訳することが大切である。反語形の「ん」はふつう送り仮名としてついている。

(6) 景公が晏子の言葉によって馬役人を許したと同じように、太宗は皇后の言葉によって馬役人への怒りを解いている。

書き下し文

太宗《たいそう》に一駿馬《いちしゅんめ》有《あ》り、特《とく》に之《これ》を愛《あい》し、恒《つね》に宮中《きゅうちゅう》に於《お》て養飼《ようし》す。病無《やまひな》くして暴《にわ》に死《し》す。太宗馬《たいそうま》を養《やしな》ふ宮人《きゅうじん》を怒《いか》りて、将《まさ》に之《これ》を殺《ころ》さんとす。皇后《こうごう》諫《いさ》めて曰《いは》く、「昔《むかし》、斉《せい》の景公《けいこう》、馬《うま》の死《し》するを以《もっ》て人《ひと》を殺《ころ》さんとす。晏子《あんし》其《そ》の罪《つみ》を数《せ》めんことを請《こ》ひて云《い》ふ、『汝馬《なんぢうま》を養《やしな》ひて死《し》せり。汝《なんぢ》が罪《つみ》の一《いつ》なり。公《こう》をして馬《うま》を以《もっ》て人《ひと》を殺《ころ》さしむ。百姓之《ひゃくせいこれ》を聞《き》かば、必《かなら》ず吾《わ》が君《きみ》を怨《うら》みん。汝《なんぢ》が罪《つみ》の二《に》なり。諸侯之《しょこうこれ》を聞《き》かば、必《かなら》ず吾《わ》が国《くに》を軽《かろ》んぜん。汝《なんぢ》が罪《つみ》の三《さん》なり』と。公乃《こうすなは》ち罪《つみ》を釈《ゆる》せり。陛下嘗《へいかかつ》て書《しょ》を読《よ》みて此《こ》の事《こと》を見《み》たり。豈《あ》に之《これ》を忘《わす》れしか」と。太宗意乃《たいそういすなは》ち解《と》く。

現代語訳 （例として示す。）

太宗は一頭のすぐれてよく走る馬を持っていて、特にこの馬をかわいがり、いつも宮廷の中で養い育てていた。（この馬が）病気もしていないのに急に死んでしまった。太宗は馬の世話をしていた役人に腹を立てて、今にもこの役人を殺そうとした。（太宗の）皇后が忠告して言った、「昔、斉の景公が、馬が死んだことで（世話をしていた）人を殺そうとしました。（景公に仕えていた）晏子が、その（世話係の）罪状を数え上げて、非難しましょうとお願いして（世話係に向かって）言った、『お前は馬の世話をしていて死なせてしまった。（これが）お前の罪の一つ目だ。景公に馬のために人を殺させる。民衆はこれを聞いたら、必ずわが主君〈＝景公〉を怨《うら》むだろう。（これが）お前の罪の二つ目だ。諸侯がこのことを聞いたら、必ずわが国を軽く見るだろう。（これが）お前の罪の三つ目だ。』と。（それを聞いた）景公はそこで（世話係の）罪を許しました。陛下〈＝太宗〉は以前に書物を読んでこのことを見ています。どうしてこのことを忘れてしまったのですか。」と。そこで太宗は（世話係への怒りの）心を解いた。

20 十八史略 ……42・43ページ

(1) 岐下有㆘嘗食㆓公馬㆒者三百人㆖
(2) **ウ**
(3) **オ**
(4) はじめ…先是　おわり…赦之
(5) 徳

解説

(1) 一二点のついた「食《フ》㆓公《ノ》馬《ヲ》㆒」をはさんで「者三百人」から「有」に返るので、「人㆖」「有㆘」と上下点をつける。

(2) 酒を与え、さらに罪を許している。「賜ふ」は、目上の者から下の者に「与える」意の敬語表現である。

(3) 晋を攻撃すると聞くと、繆公から恩恵を受けた人々は従軍を希望し、敵の矛先を押しのけ、死を覚悟して戦っている。

(4) 「是より先」や「是に至りて」といった場面の切り替わりの表現に注意する。

(5) 傍線部②の最後に、「以《テ》報《ユ》㆑徳《ニ》」とある。

書き下し文

繆公《ぼくこう》晋《しん》の恵公《けいこう》を送《おく》りて晋《しん》に帰《かえ》す。已《すで》にして秦《しん》に倍《そむ》き、韓《かん》に合戦《かつせん》す。繆公《ぼくこう》晋軍《しんぐん》の囲《かこ》む所《ところ》と為《な》る。岐下《きか》に嘗《かつ》て公《こう》の馬《うま》を食《くら》ふ者三百人《ものさんびやくにん》有《あ》り。馳《は》せて晋軍《しんぐん》を冒《おか》す。晋囲《しんかこ》みを解《と》く。遂《つい》に繆公《ぼくこう》を脱《だつ》して以《もつ》て反《かえ》る。是《これ》より先繆公善馬《さきぼくこうぜんば》を亡《うしな》ふ。野人共《やじんとも》に得《え》て之《これ》を食《くら》ふ。吏逐《りお》ひ得《え》て、之《これ》を法《はふ》にせんと欲《ほつ》す。公曰《こうい》はく、「善馬《ぜんば》を食《くら》うて酒《さけ》を飲《の》まずんば人《ひと》を傷《やぶ》る」と。酒《さけ》を賜《たま》ひて之《これ》を赦《ゆる》せり。是《ここ》に至《いた》りて秦晋《しんしん》を撃《う》つと聞《き》き、皆従《みなしたが》はんことを願《ねが》ひ、鋒《ほう》を推《お》して死《し》を争《あらそ》ひ以《もつ》て徳《とく》に報《むく》ゆ。

現代語訳（㊀として示す。）

（秦の）繆公は晋の恵公を晋に送り帰した。ほどなく（晋はその恩を忘れ）秦にそむき、韓（の地）で（秦と）戦った。繆公は晋軍に囲まれた。（このとき）岐山のふもとにかつて繆公の馬を殺して食べた者が三百人いた。（彼らが繆公のところに）駆けつけて晋軍めがけて突き進んでいった。（その結果）晋軍は包囲を解いた。とうとう繆公を（危機から）脱出させて（秦に）連れ戻した。これより以前に繆公は良馬を失ってしまったことがあった。礼儀を知らない者たちが（この馬を）食べてしまったのである。（このことを知った）役人は（彼らの）あとを追いかけて捕らえ、彼らを法によって処罰しようとした。（ところが）繆公は言った、「良馬（の肉）を食べて酒を飲まなければ体をこわす」と。（そして彼らに）酒をお与えになり彼ら（の罪）を赦した。今や秦が晋を攻撃すると聞いて、（彼らは）皆従軍することを志願し、敵の矛先を押しのけ、我先にと死を覚悟して（繆公のかつての）恩義に報いたのである。

21 三国志 ……44・45ページ

(1) **ウ**
(2) 世人未だ之を奇とせざるなり。（文末の「也」を読まないで、「……奇とせず」でもよい。）
(3) **オ**
(4) **イ**
(5) **エ**
(6) **ア**

(7) ア
(8) オ

解説

(1) 「少」を「わかシ・わかキトキ」と読むのは、漢文ではめずらしいことではないので覚えておく。

(2) 設問に「未」とあれば、再読文字であると思ってほぼ間違いない。これまでもたびたび設問になっていた再読文字は入試の最重要頻出語である。本冊の5ページでもまとめてあるから、読みと意味を完璧に覚えておくこと。

(3) 世間では非凡な人物であると認めていなかった太祖を、二人だけは、特別な才能があると見抜いていたのである。

(4) これは漢文の超基本問題である。正解できなかった人は限定形をきちんと復習しておくことが必要である。

(5) これも再読文字「将」の正確な知識があれば、まったく迷うことがない超基本問題である。

(6) 「非レバ…」で、「…でなければ」と訳し、「不レ能ハ」は不可能(…できない)を表すということがわかっていれば迷うことはないだろう。

(7) 会話主の橋玄が、聞き手の太祖に「君(あなた)」と言っているのである。

(8) 「於レ是」の読み方と訳し方は本冊の下段「解法のポイント」で触れたが、これと似た形として、

①是ヲ以テ 読 ここをもって 訳 そういうわけで

②以レ是ヲ 読 これをもって 訳 このことによって

がある。混同しないように「於テレ是ニ」とあわせて覚えておくこと。

書き下し文

太祖《たいそ》少《わか》くして機警《きけい》にして、権数《けんすう》有《あ》るも、任侠放蕩《にんきやうほうとう》して、行業《こうぎやう》を治《おさ》めず、故《ゆゑ》に世人《せじん》未《いま》だ之《これ》を奇《き》とせず。惟《た》だ梁国《りやうこく》の橋玄《きやうげん》、南陽《なんよう》の何顒《かぎやう》焉《これ》を異《い》とす。玄太祖《げんたいそ》に謂《い》ひて曰《いは》く「天下《てんか》将《まさ》に乱《みだ》れんとす、命世《めいせい》の才《さい》に非《あらざ》れば、済《すく》ふ能《あた》はざるなり。能《よ》く之《これ》を安《やす》んずるは、其《そ》れ君《きみ》に在《あ》らんか」と。

光和《こうわ》の末《まつ》、黄巾《こうきん》起《おこ》る。騎都尉《きとい》に拝《はい》せられ、潁川《えいせん》の賊《ぞく》を討《う》つ。遷《うつ》りて済南《さいなん》の相《しやう》と為《な》るに、国《くに》に十余県《じふよけん》有《あ》り、長吏《ちやうり》多《おほ》く貴戚《きせき》に阿附《あふ》し、贓汚狼藉《ぞうおろうぜき》し、是《ここ》に於《おひ》て奏《そう》して其《そ》の八《はち》を免《めん》じ、淫祀《いんし》を禁断《きんだん》すれば、姦宄《くわんき》逃竄《とうざん》し、郡界粛然《ぐんかいしゆくぜん》たり。

現代語訳 (例として示す。)

太祖は若くして、物事を洞察するのに優れた力を持ち、臨機応変に策謀を巡らしたけれども、弱きを助け強きをくじく一方で勝手気ままで、節操や学問を修めなかった、そのために世間の人はまだ彼〈＝太祖〉を非凡(な人物)であるとは見ていなかった。(しかし)ただ、梁国の橋玄と南陽の何顒は彼〈＝太祖〉を特別な才能があると見抜いていた。(そこで、橋)玄が太祖に言った「天下は今にも混乱に陥りそうな情勢である、この時代で(優れて)名高い人物でなければ、(この天下を)救うことができない。(天下を)平安にすることができるのは、それはあなたではないか。」と。

光和の末年に黄巾の乱が起こった。(太祖は)騎都尉に任命され、潁川(にいた)反乱軍を討った。(その後)官職が変わって済南王国の官吏になったが、(この)国には十以上の県が有り、幹部役人たちの多くは済南国王の親戚に迎合し、わいろを取るなど無法な行為が横行していたため、そこで(太祖は)天子に申し上げて(幹部役人の)八人を免職にし、いかがわしい神をまつることを禁じたので、道理にはずれている悪者たちは逃げ隠れ、(その結果、済南)郡の中は治安がよくなった。

(1) aたたかわ(は)んと　bなすに　cずして
dなくんば　eつい(ひ)に
(2) 例王に無断で軍隊を撤退させたため。
(3) 例王の軍隊を敗北させず、王の名誉を傷つけず、領土を減らすことがないという利。
(4) 将㆘皆依㆓不利之名㆒而効㆗臣遁㆖
(5) 例悪例を作っても死罪にならなければ、ほかの将軍もまねて荊国の弱体化につながるため。(40字)
(6) **エ**

解説

(1) aは「将《す》ニ㆑戦ハント」となる。bの「為」が「行う・思う・する」の意のときは「なス」と読む。dここは上の文が下の文に対する条件を示すため、仮定形で読む。eの「つひニ」と読む漢字は、「終」以外に「遂(8行目)・卒・竟」などがある。

(2) 傍線部①の前に「不㆑復㆓於王㆒而遁」とあり、そこで王に傍線部①のように報告させている。

(3) 呉軍と戦えば失うであろうものを、軍を撤退させたために失わずにすんだことを、王は「利」と考えたのである。

(4) 書き下し文が示されているので、それに従って順番を間違わずに、ていねいに返り点をつけていくといい。一二点を飛び越して上の字を読む場合は上中下点が必要になる。送り仮名も含めて訓点をつけると、「将ニ㆘皆依リテ㆓不利之名ニ㆒而効ハント㆗臣ノ遁レタルニ㆖」となる。

(5) 悪い先例を作ることで、荊国の弱体化を招くことを避けたいために、自らの死を申し出たのである。その具体的な理由が「遁者無…天下撓」で述べられている。

(6) 「義理」という熟語があるように、「義」はすじを通すことであり、ここでの「すじ」は、勝手な行動をとった者は死罪になるということ。従って、**ア**の「潔癖な行為」や**イ**の「誠実な行為」はあたらない。

書き下し文

荊人《けいひと》呉人《ごひと》と将《まさ》に戦《たたか》はんとす。荊《けい》の師《し》は寡《すく》なく、呉《ご》の師《し》は衆《おほ》し。荊《けい》の将軍《しやうぐん》子囊《しなう》曰《い》はく、「我《われ》呉人《ごひと》と戦《たたか》はば、必《かなら》ず敗《やぶ》れん。王《わう》の師《し》を敗《やぶ》り、王《わう》の名《な》を辱《はづかし》め、壌土《じやうど》を虧《か》くは、忠臣《ちうしん》為《な》すに忍《しの》びざるなり」と。王《わう》に復《まう》さずして遁《のが》る。郊《こう》に至《いた》り、人《ひと》をして王《わう》に復《まう》さしめて曰《い》はく、「臣請《しんこ》ふ死《し》せん」と。王曰《わうい》はく、「将軍《しやうぐん》の遁《のが》れたるや、其《そ》の利為《りた》るを以《もつ》てなり。今誠《いままこと》に利《り》あれば、将軍何《しやうぐんなん》ぞ死《し》せん」と。子囊《しなう》曰《い》はく、「遁《のが》れし者《もの》に罪《つみ》無《な》くんば、則《すなは》ち後世《こうせい》の王《わう》の臣《しん》たる者《もの》、将《まさ》に皆不利《みなふり》の名《な》に依《よ》りて臣《しん》の遁《のが》れたるに効《なら》はんとす。是《かく》のごとくんば則《すなは》ち荊国《けいこく》は終《つひ》に天下《てんか》の為《ため》に撓《よは》められん」と。遂《つひ》に剣《けん》に伏《ふ》して死《し》す。王曰《わうい》はく、「請《こ》ふ将軍《しやうぐん》の義《ぎ》を成《な》さん」と。乃《すなは》ち之《これ》が為《ため》に桐棺三寸《どうかんさんずん》、斧鑕《ふしつ》を其《そ》の上《うえ》に加《くは》ふ。

現代語訳（例として示す。）

荊の国の人と呉の国の人が今にも戦おうとしている。荊の軍隊(の数)は少なく、呉の軍隊(の数)は多かった。荊の将軍の子囊は言った、「我々が呉の国の人と戦えば、必ず敗れるだろう。王の軍隊を敗れさせ、王の名誉を傷つけ、領土を減らすのは、忠臣として耐えられないことである」と。(そこで)王に報告しないで(軍隊を)撤退させた。国都の郊外まで行きつくと、部下に王に報告させて言った、「私に死を与えてください」と。(すると)王は言った、「将軍が撤退したのは、そうすることが(荊にとって)有利であると考えたからである。もし本当に(撤退したことに)利があるとすれば、将軍はどうして死ぬことがあろうか、いや、死ぬことはない」と。(それを聞いた)子嚢は言った、「軍隊を(王の許可を得ないで)撤退させた者に罪がなければ、今後は王の臣民は、これから全員が(戦いが)不利だという口実によって、私が撤退したのにならうでしょう。そうなれば荊国はしまいには天下(の諸国)のために弱体化させられることになります」と。(そこで)とうとう剣(の刃の上)に体を伏せて死んだ。(これを知った)王は言った、「どうか将軍の義を仕上げさせて欲しい」と。そこで、将軍のために粗末なひつぎ(を準備して)、処刑に用いる道具をその上に乗せた。

23 老子 48・49ページ

(1) ウ
(2) イ
(3) オ
(4) ア
(5) イ
(6) 例 天の道とは対照的に、物質的に不足し苦しんでいる者が、持てる者のために、さらに奉仕させられている。(48字)
(7) ただゆうどうしゃのみ。

解説

(1) 訓点をつけると「其レ猶ホレ張ルガレ弓ヲ与。」となる。代表的な再読文字は本冊5ページにまとめてある。そこで取り上げてある再読文字は、入試でもよく出題されるので、すべて読めて訳せるようにしておくこと。エは「ゆみとはる」と読んでいる点が不適。

(2) 「孰」は、いろいろな人や物の中から、どちらか一つを選ぶことを相手に求める語である。選ぶのが物でなく人の場合は「たれ」と読む。ここは「奉二天下一」とあるから人であることがわかる。

(3) 「恃」は、手に物を持っているように、何かを心の頼りにすることをいう。

(4) 「処」の意味がわかれば、選択肢は一つしか残らない。「処」も「居」も、そこに腰を落ち着けて住むという意味がある。

(5) 選択肢に出てくる「自然」は、文中では「天之道」のことである。自然の公平さを述べたあと、「人之道」がいかに不公平であるかを述べている。「是以」以下は、理想的な君主(聖人)について述べている。

(6) 制限字数が「三十字以上五十字以内」とかなり幅があるが、なるべく制限字数ぎりぎりまで書く工夫をすること。

(7) 歴史的仮名遣いだと、「ただいうだうしゃのみ。」となる。

書き下し文

天《てん》の道《みち》は其《そ》れ猶《な》ほ弓《ゆみ》を張《は》るがごときか。高《たか》き者《もの》は之《これ》を抑《おさ》へ、下《ひく》き者《もの》は之《これ》を挙《あ》げ、余《あま》り有《あ》る者《もの》は之《これ》を損《そん》じ、足《た》らざる者《もの》は之《これ》を補《おぎな》ふ。天《てん》の道《みち》は、余《あま》り有《あ》るを損《そん》じて足《た》らざるを補《おぎな》ふ。人《ひと》の道《みち》は則《すなは》ち然《しか》らず。足《た》らざるを損《そん》じて以《もつ》て余《あま》り有《あ》るに奉《ほう》ず。孰《たれ》か能《よ》く余《あま》り有《あ》りて以《もつ》て天下《てんか》に奉《ほう》ぜん。唯《た》だ有道者《いうだうしや》のみ。是《ここ》を以《もつ》て、聖人《せいじん》は為《な》すも恃《たの》まず、功《こう》成《な》れども処《を》らず。其《そ》れ賢《けん》を見《あら》はすを欲《ほつ》せず。

現代語訳 (例として示す。)

天の道は、それはちょうど弓に弦を張るようなものだ。(弓に弦を張るときは弓の)高いところは抑え、低いところは挙げ、余り有るところはこれを減らし、不足しているところはこれを補う。(このように）天の道は、余り有る（ところ）を減らし、不足している（ところ）を補う。（ところが）人の道はそうではない。不足して（苦しんで）いるのを（さらに）減らして余りある者のために奉仕している。いったい誰が余りあって、それを天下の人に奉仕することができるだろう。（これができるのは）ただ道を体得した者だけである。そういうわけで、聖人は（偉大な働きが）できても自慢しないし、立派な成果が上がっても、（その栄光に）居すわったりしない。彼は（自分の）賢さを人に示すことをしようとはしないのである。

24 韓非子 ……………… 50・51ページ

(1) ②ず　③た（メ）
(2) ①例 法が施行されている場合、
⑤例 法に及ぶものはない。（法が一番である。）
(3) **イ**
(4) 例 法のおかげで君主が尊ばれ、その地位が安泰だから。
(5) **ア・オ**

解説

(1) ②は否定形の代表「不」と同じ用法であるから、必ず覚えておくこと。③は常用漢字の範囲内で、漢文以前の知識であるから、当然答えられなくてはいけない。

(2) ①は、法律として決められているケースをさす。⑤は、「莫如…」が決め手になる。ぜひ覚えておく。

(3) 現代でも「軌《き》を一《いつ》にする」と使われている。道筋を同じくする意から、行き方が同じことをいう。

(4) 直前の箇所で、「法審らかならば則ち上尊くして侵されず。上尊くして侵されずんば」とあり、「法のおかげで君主が尊ばれ、その地位を侵されることがない」という条件が成立すれば、傍線部のことが言えると説明されている。

(5) **ア**は、全体の内容をまとめている。**オ**は、「刑過不避大臣」と合致する。**イ**の「特別待遇」、**ウ**の「悪をなしてはならない」、**エ**の「国民の実態を考慮する」、**カ**の「柔軟な対応」などは文中に述べられていない。

書き下し文

法《ほう》を以《もつ》て国《くに》を治《おさ》むるは、挙措《きよそ》のみ。法《ほう》は貴《き》に阿《おもね》らず、縄《じやう》は曲《きよく》に撓《たわ》まず。法《ほう》の加《くは》はる所《ところ》、智者《ちしや》も辞《じ》する能《あた》はず、勇者《ゆうしや》も敢《あ》へて争《あらそ》はず。過《あやま》ちを刑《けい》するに大臣《だいじん》を避《さ》けず、善《ぜん》を賞《しやう》するに匹夫《ひつぶ》を遺《のこ》さず。故《ゆゑ》に上《かみ》の失《しつ》を矯《た》め、下《しも》の邪《じや》を詰《とが》め、乱《らん》を治《おさ》め繆《びう》を決《けつ》し、羨《せん》を絀《しりぞ》け非《ひ》を斉《ただ》し、民《たみ》の軌《き》を一《いつ》にするは、法《ほう》に如《し》くは莫《な》し。刑重《けいおも》くば則《すなわ》ち敢《あ》へて貴《き》を以《もつ》て賤《せん》を易《かろ》んぜず、法審《はふつまび》らかならば則《すなわ》ち上尊《かみたふと》くして侵《をか》されず。上尊《かみたふと》くして侵《をか》されずんば、則《すなわ》ち主強《しうつよ》くして守《まも》り要《つづま》やかならむ。故《ゆゑ》に先王《せんわう》は之《これ》を貴《たふと》び而《しか》して之《これ》を伝《つた》ふ。人主法《じんしうはふ》を釈《す》てて私《し》を用《もち》ひれば、則《すなわ》ち上下《しようか》別《わか》たれざらむ。

現代語訳（例として示す。）

法によって国を治めるのは、（法を）掲示することと撤去すること（の二つ）だけである。法は身分の高い者に対してへつらったりはしない（し）、墨縄は曲がっているものに対してゆがんだりはしない。法が施行されている場合は、知恵のある者も（法から）逃がれようとすることはできない（し）、勇気のある者も無理に争おうとはしない。過ちを犯した者を罰するときは高官を避けず、善行をほめたたえるときは身分の低い者も放っておくことはしない。だから、上の者の誤りを正し、下の者の悪を責め、乱れているところを治め、もつれたところを解きし、出しゃばりを退けて間違っているところを正しく改め、民の守るべき道を一つにするには、法に及ぶものはない。刑罰が厳しければ、貴人だからといって賤民を侮ったりせず、法が明確であれば君主は常に尊ばれ、その地位を侵す者はいない。君主が尊ばれ侵す者がいなければ君主は常に力強く国の備えは簡略でよい。だから、先王はこのような方法を貴び後世に伝えたのである。もし君主が法で治めることをやめて自分の能力に頼って治めようとすれば、やがて上下の区別もつかなくなって(国が乱れて)しまうであろう。

25 送別 ……………………………… 52・53ページ

(1) 下レ馬飲二君酒一
(2) エ
(3) ウ
(4) オ
(5) ウ

解説

(1) 返り点だから、レ点と一二点だけでいい。送り仮名も含む場合は、「訓点」という。訓点をつけると「下《リ》レ馬《ヲ》 飲《マシム》二君《ニ》 酒《ヲ》一」となる。

(2) 「意を得ず」は慣用句で、(i)相手の気持ちがわからない。(ii)思うにまかせない・満足しない、の意があるが、ここは(ii)の意味で用いられている。

(3) 南山のふもとで隠遁《いんとん》生活を送るために帰る、ということであるから、「帰」と「臥」の読む順序は「帰→臥」になる。**エ**は「南山のふもとを帰りて」という読み方が日本語として不自然である。

(4) 漢詩で五言の場合は、意味のうえで上の二語と下の三語とに分かれることが多い。この漢詩も四句目以外は二語/三語の構成になっている。四句目も「帰《リテ》 臥《サン》 南山《ノ》 陲《ニト》」と読むことも可能である。なお、七言の場合は、四語/三語の構成になることが多い。このことを知っておくと、漢詩を現代語訳するときに役立つ。

(5) 漢詩の題名「送別」からもわかるように、これから旅立つ友人を送る漢詩である。友人が旅立つ理由は三句目の「不レ得レ意」である。俗世間の生活から逃れて「白雲」の尽きるときがない南山のほとりへと帰って行くのである。

書き下し文

馬《うま》を下《お》り君《きみ》に酒《さけ》を飲《の》ましむ
君《きみ》に問《と》ふ何《いづ》れの所《ところ》にか之《ゆ》くと
君《きみ》は言《い》ふ意《い》を得《え》ずと
帰《かへ》りて南山《なんざん》の陲《ほとり》に臥《ふ》さんと
但《ただ》去《さ》れ復《ま》た問《と》ふこと莫《な》かれ
白雲《はくうん》尽《つ》くる時《とき》無《な》し

現代語訳 (例として示す。)

(私は)馬から下りて、君に(送別の)酒を飲ませた。
(それから)君に聞いた、どこに行くのかと。
君は言った、(俗世間の生活には)満足できないと。
(だから昔住んでいたところに)帰って南山のほとりで隠遁するつもりだと。
(これに対して私は)すぐに行きなさい。かさねて言ってはいけない。
(これから行く南山は)白雲が、尽きるときがない(俗世間に汚されていない清らかな自然の地だから)。

26 春望 …………………… 54・55ページ

(1) イ
(2) ウ
(3) オ
(4) イ
(5) ア
(6) エ・松尾芭蕉

解説

(1) 首都の長安は戦乱で破壊されても、自然の山や河はあいかわらず残っている、という一句目を受けている。草木が多いのは町が荒廃していることのシンボルとなっている。

(2) 六句目の「家書」は、家族からの手紙のことである。これとの関連で「家族」と判断できる。

(3) 戦乱で長安が荒廃してしまっている情況が読み取れていれば、選択肢で迷うものはない。

(4) (2)との関連で考える。選択肢がなくても「家書」は、家族からの便りであることは覚えておく。

(5) 漢詩の詩型と押韻は、漢文の必須知識である。

(6) 松尾芭蕉の**エ**の俳句も有名だから、答えられるようにしておく。「芭蕉」という漢字も、中学校のときから目にしている人が大部分のはずだから、正確に書けて当たり前である。

書き下し文

国破《くにやぶ》れて山河《さんぐわ》在《あ》り　城春《しろはる》にして草木深《そうもくふか》し
時《とき》に感《くわん》じては花《はな》にも涙《なみだ》を濺《そそ》ぎ　別《わか》れを恨《うら》みては鳥《とり》にも心《こころ》を驚《おどろ》かす
烽火三月《ほうかさんげつ》に連《つら》なり　家書万金《かしよばんきん》に抵《あた》る
白頭掻《はくとうか》けば更《さら》に短《みじ》かく　渾《す》べて簪《しん》に勝《た》えざらんと欲《ほっ》す

現代語訳 (例として示す。)

首都長安は(戦乱のため)破壊されてしまったが、自然の山や河は(昔と変わらずに)残っている。

長安の町は春を迎えたが、(戦乱のため人影もなく、ただ)草や木(だけ)が深々と茂っている。

このように(荒廃した)時世に深く心を痛めては、(本来なら楽しく見るはずの)花を見ても、はらはらと涙を流す。

家族と離ればなれになっていることを悲しんでは、(本来ならなごやかに聞くはずの)鳥の声にも、はっと心を驚かせる。

戦争ののろしは、もう何か月もの間、上げ続けられている。

家族からの便りは、万金にも相当するほど貴重なものとなった。

悲しみのあまり白髪頭をかきむしると、髪の毛はいっそう短くなってしまった。

もはや、冠を髪にさしとめておくためのピンも、まったくとめきれなくなりそうである。